国家自然科学基金地区科学基金项目(项目号:71764004)资助研究成果

U0645431

产业链创新与战略性新兴产业合作网络:机理、模型及政策

刘国巍　张停停　著

哈尔滨工程大学出版社
Harbin Engineering University Press

内 容 简 介

本书是一部关于产业链创新和战略性新兴产业合作网络的学术著作,致力于深入探讨相关概念的内涵、现状、演化以及政策支持等方面问题。本书融合了多个领域的研究成果,包括产业经济学、创新管理、网络分析等领域,对战略性新兴产业合作网络和产业链创新进行了全面而细致的研究。为了提高研究的针对性和实用性,本书采用了实证研究和案例分析等方法,不但增强了研究的可信度,还为读者提供了丰富的实践经验和启示。

本书适合从事战略性新兴产业研究、产业链创新研究以及产业合作网络研究的学者和研究生阅读,也可供相关政策制定者和企业决策者参考。

图书在版编目(CIP)数据

产业链创新与战略性新兴产业合作网络:机理、模型及政策/
刘国巍,张停停著. —哈尔滨:哈尔滨工程大学出版社, 2022.2
ISBN 978-7-5661-3424-0

Ⅰ. ①产… Ⅱ. ①刘… ②张… Ⅲ. ①互联网络-应用-新兴
产业-产业发展-研究-中国 Ⅳ. ①F279.244.4

中国版本图书馆 CIP 数据核字(2022)第 030857 号

产业链创新与战略性新兴产业合作网络:机理、模型及政策
CHANYELIAN CHUANGXIN YU ZHANLÜEXING XINXING CHANYE HEZUO WANGLUO:
JILI、MOXING JI ZHENGCE

选题策划　夏飞洋
责任编辑　夏飞洋
封面设计　李海波

出版发行	哈尔滨工程大学出版社
社　　址	哈尔滨市南岗区南通大街 145 号
邮政编码	150001
发行电话	0451-82519328
传　　真	0451-82519699
经　　销	新华书店
印　　刷	哈尔滨午阳印刷有限公司
开　　本	787 mm×1 092 mm　1/16
印　　张	9.25
字　　数	200 千字
版　　次	2022 年 2 月第 1 版
印　　次	2022 年 2 月第 1 次印刷
书　　号	ISBN 978-7-5661-3424-0
定　　价	50.00 元

http://www.hrbeupress.com
E-mail:heupress@hrbeu.edu.cn

前　　言

　　本书是一本关于战略性新兴产业合作网络及产业链创新的学术著作,旨在探讨战略性新兴产业合作网络和产业链创新的内涵、现状、演化及政策支持等问题。

　　本书首先介绍了研究背景、目的及意义,对战略性新兴产业及其产业集群、产业链创新研究现状进行了综述,并分析了产业合作网络及其演化研究现状,以及战略性新兴产业合作网络研究现状。在此基础上,本书提出了研究思路及主要内容,包括产业链创新篇、战略性新兴产业合作网络篇和政策篇三部分。

　　在产业链创新篇中,本书首先介绍了产业链创新的内涵,并对基于直觉模糊集的产业链创新合作伙伴选择决策模型进行了深入探讨。随后,本书分别从新兴产业链环节融通创新、产业链与创新链融合等方面进行了分析,构建了相应的模型并进行了实证研究。

　　在战略性新兴产业合作网络篇中,本书分别对物流仓储装备业合作网络、大健康产业合作网络、航空航天装备制造业合作网络和3D打印合作网络等进行了深入分析和研究。

　　本政策篇中,本书探讨了战略性新兴产业金融支持政策和战略性新兴产业专业集群建设政策等方面的问题。

　　本书结合了多个领域的研究成果,包括产业经济学、创新管理、网络分析等领域,对产业链创新和战略性新兴产业合作网络进行了全面而深入的研究。同时,本书还通过实证研究和案例分析等方法,增强了研究的针对性和实用性。

　　本书适合从事战略性新兴产业研究、产业链创新研究以及产业合作网络研究的学者和研究生阅读,也可供相关政策制定者和企业决策者参考。

　　感谢国家自然科学基金的资助,使得本书进行了大量产业链创新、战略性新兴产业合作网络方面的相关研究,本书中每章都展示了这些研究成果的部分内容。感谢研究生李明昊在本书写作过程中做出的贡献。在本书撰写过程中,我们参阅了大量的国内外文献资料,并引用了一些优秀作者的内容和观点,在此深表谢意!

本书的编写、出版得到了哈尔滨工程大学出版社的大力支持和帮助,在此表示衷心的感谢!

　　本书从构思完成历时两年,且正值十四五开局之年,感触良多,特别是数字经济的快速发展、国内外双循环格局的形成、产业链现代化水平的提高、融通创新的提出、企业竞争前合作命运共同体的构建等都与产业链创新高度相关,路漫漫其修远兮,任重而道远,吾将上下而求索。

刘国巍

2021 年 11 月于桂林尧山

目　　录

导入篇

产业链创新篇

战略性新兴产业合作网络篇

政策篇

导 入 篇

第1章 绪 论

1.1 研究背景、目的及意义

培育和发展战略性新兴产业是建设我国现代产业体系的重要内容之一。战略性新兴产业是以重大技术突破和重大发展需求为基础,对经济社会全局和长远发展具有重大引领带动作用,是知识技术密集、物质资源消耗少、成长潜力大、综合效益好的产业。2008年全球金融危机后,世界经济进入一个新的发展周期,战略性新兴产业成为"后危机时代"各国走向经济复兴的重点,并被给予前所未有的强有力政策支持。在2009年12月召开的中央经济工作会议中,我国正式提出了要加快培育战略性新兴产业。2010年10月国务院发布了《关于加快培育和发展战略性新兴产业的决定》,明确了我国战略性新兴产业的七大领域和发展的中长期目标。"十二五"规划将培育发展战略性新兴产业作为发展现代产业体系、提高产业核心竞争力的重要内容加以部署。"十三五"规划更是提出加快建设战略性新兴产业,替代传统产业的建设思路。

产业发展本身是一个产业链动态整合与分化的过程,战略性新兴产业作为一种融合型的现代产业,其形成与发展最终体现为不同产业链的重构和整合。从产业链的角度,我们可以将战略性新兴产业划分为上游的技术开发与生产制造等"供给端"环节和下游的新兴产业应用与终端消费等"需求端"环节。新兴产业的成长和发展不仅要重视市场需求端的拉动因素,同时也必须高度重视技术供给端的驱动因素。这既是因为市场需求客观存在变化与波动,只有提高产业供给的合理性和有效性才能规避新兴产业固有的高风险,也是因为供给的缺失或低效制约着生产要素在产业链上的传导与增值。基于此,我国于2015年11月提出了供给侧结构性改革这一政策,这给如何快速提高战略性新兴产业链创新水平带来了挑战。近年来,在政策的鼓励和扶持下,我国战略性新兴产业获得了快速发展,其GDP占比持续增长至13%以上,已成为新的经济增长点。但与此同时,发展中的一些现象也不断凸显。

1.1.1 企业陷入产业发展规模竞赛的因徒困境,导致产能过剩现象明显

部分战略性新兴产业在经历短暂的"繁荣"之后,迅速陷入困境,其中以光伏和电子信息产业最为典型。我国光伏产业在短时间内实现了跨越式发展,一度被认为是少数可以参与国际竞争的战略性新兴产业。然而,2011年欧美实施的"双反"政策使我国光伏产业迅速进入"寒冬",90%以上的光伏企业都陷入了"产能过剩"危机(钱培坚,2013;叶文添,2014)。这表明我国战略性新兴产业链存在较大的潜在风险,且恢复力不强,尚未形成有利于整体产业稳定的组织结构。

1.1.2 产业链结构失衡,局部创新现象明显

战略性新兴产业面临的发展问题更多集中在产业链层面,主要涉及产业链上下游脱节(周丹等,2014)、产业链供需结构失衡、同构现象严重(王辉等,2015)、产业链整体绩效不高、高端产业中低端化(王艳秀,2015)等问题,且战略性新兴产业链一定程度的"两头在外"的链条局部性(吴晓青,2011)使得我国产业处于价值链的低端制造环节,导致创新源缺失,而不同地域间的节点重复性(刘峰等,2012)又阻碍了突破性创新的实现,使得我国战略性新兴产业链深陷"单项技术改进"的局部性创新陷阱之中,难以实现整体层面的全产业链创新。可见,我国战略性新兴产业链整合、模块化能力较弱,自主创新动力不足,组合创新模式相对缺失,还没有形成有利于全产业链创新的组织结构。

1.1.3 产业集群(创新系统)发展缓慢,产业合作网络化(创新生态系统)现象涌现

战略性新兴产业链的横向和纵向系统整合形成了产业集群,其一度成为理论界和学术界的关注焦点,并推动了一大批产业集群的培育和涌现。例如,自2012年低空管制开放政策开始实行,我国通用航空产业园已出现100多个。然而,从创新系统的角度来看,虽然产业空间布局和功能要素驱动较为合理(规模竞赛),但基于创新生态系统的视角,传统产业集群转型的"路径依赖"影响了战略性新兴产业集群的新陈代谢,导致循环经济缺乏动力(因徒困境)。这表明产业集群的发展黏滞性较大,速度缓慢。同时,战略性新兴产业集群发展中涌现出了因突破"路径依赖"限制而加速全产业链创新的合作网络,例如以苹果、三星、富士康等节点为核心的移动全产业链(合作)创新网络;以深圳市海洋王照明、深圳可立克科技、全怡

艺科技等节点为核心的 LED 产业合作网络等战略性新兴产业合作网络。可见,虽然我国战略性新兴产业集群处于快速形成的发展模式中,但其合作网络化推动了集群的全产业链创新行为。

1.1.4　产业合作网络节点布局分散,跨区、跨界发展态势显现

虽然我国已形成许多战略性新兴产业合作网络,但这些网络的核心节点通常具有区域属性,并分散于不同的产业链"资源优势"地区。例如,在光伏产业合作网络中,产业链上游的多晶硅、硅片生产节点(如保利协鑫、赛维 LDK 等)和中游电池、组件封装节点(如无锡尚德等)主要分布在江苏、上海地区,而下游应用节点则分布于内蒙古等能源生产地区。在广西电子信息产业合作网络中,产业链上游的元器件生产节点(如桂林宇辉、鑫鹰科技等)主要分布于桂林地区,中游组件封装节点(如广西三晶化工科技、广西新晶科技等)主要分布于南宁地区,而广西装备制造业合作网络中的上、中游节点则分别集中于南宁、柳州地区。同时,我国的战略性新兴产业合作网络因高度知识密集性而表现出产学研跨界合作的发展态势。例如,以青岛中天斯壮铁塔有限公司、大唐山东发电有限公司、国家海洋技术中心、中国海洋大学等为核心节点的海洋能产业合作网络。可见,这些不同地域空间和同一地域空间的网络发展均具有差异性。因此,在产业共性的前提下,我国战略性新兴产业网络的发展态势不仅与区域地理位置相关,而且与区域内网络关系的建立相关(这种现象与产业本地蜂鸣-全球通道理论相关)。

针对上述现象,我们提出以下科学问题进行研究:

(1)如何构建一种科学、合理的全产业链创新引导机制,以减少战略性新兴产业产能过剩的风险,提高产业供给能力和抗挫能力,推动产业朝着创新、绿色、共享、协调、开放的均衡稳定方向发展?

(2)作为推动全产业链创新的新型组织结构,战略性新兴产业合作网络的构成体系包括哪些要素?它是如何推动产业集群可持续发展的?

(3)战略性新兴产业合作网络受到全产业链布局的影响,其在时间和空间上的演化规律如何?这些演化规律如何反作用于产业链布局优化?这些问题的思考构成了开展本课题科学研究的现实依据。

基于这些问题,本书提出了以下研究观点:传统的产业集群往往局限于地理空间内的局部创新,无法解决产业链节点的重复性问题,这有可能导致产业链朝着"产能过剩"的方向发展。相比之下,网络式全产业链创新模式能够突破地理集中的限制,突出核心节点的导向作用,利用网络治理规则(如声誉效应、信任机制、信息传播等)剔除重复节点,从而极大地降低产业链"产能过剩"的风险。同时,网络

式全产业链创新模式因其连通性和鲁棒性而具有更大的抗风险能力,结构相对稳定,有利于推动产业集群的持续发展。

因此,本书基于网络式全产业链创新驱动的视角,开展战略性新兴产业合作网络形成机理、模型的研究。这一研究有助于把握产业合作网络的演化过程,挖掘全产业链布局下产业合作网络演化的时空分异规律,预测产业合作网络未来的发展态势;并结合这些结果分析设计网络演化机制,加强产业合作网络内部治理,为相关政策制定提供决策支持。这一研究对于丰富和完善产业合作网络研究具有一定的理论意义,而且对于提高战略性新兴产业供给能力也具有一定的现实意义。

1.2 文 献 综 述

1.2.1 战略性新兴产业及其产业集群、产业链创新研究现状

战略性新兴产业(strategic emerging industries)同时包含"战略性"和"新兴性"两个特征,主要界定为掌握关键核心技术,具有市场需求前景,资源能耗低、带动系数大、就业机会多、综合效益好的新兴产业(陈爱雪,2012)。国外学者直接论述strategic emerging industries 的较少,通常从战略性产业(strategic industries)和新兴产业(emerging industries)两方面讨论。而战略性产业的建立又与主导产业(leading industry)息息相关(Rostovian, 1988),故国外学者研究战略性新兴产业的外延较为广泛,缺少相对明确的范式研究。而国内实践界和学术界对战略性新兴产业的认知却相对明晰,认为其主要包括节能环保、新一代信息技术、生物、高端装备制造、新能源、新材料、新能源汽车 7 种(国务院,2012)。

目前,国外学者主要研究战略性新兴产业的形成动因和发展模式两方面。一些早期学者认为科技进步、新消费模式、政府引导等外部因素是推动新兴产业形成的主要动力,而产业发展规律则是优先发展主导部门的战略性(主导)产业形成的核心动力;在这些研究的基础上,现代学者认为战略性新兴产业是一个复杂系统,其形成不仅受科技、市场、政策的影响,还要考虑产业链建设的作用(Ma Yunze, 2011)。另一些国外学者则以典型产业为例研究战略性新兴产业的通用发展模式,认为模块化的生产网络将成为新兴产业发展的主导组织模式(Sturgeon, 1997),而基于不同的细分市场需求,同一产业将衍生出不同的发展模式,如移动互联网产业是基于欧美市场的商务应用模式和日韩市场的娱乐模式(Funk, 2003)。

国内学者关于战略性新兴产业的研究相对较多,主要集中于以下两方面。

(1)产业识别、选择与培育

针对战略性新兴产业这一科学问题的提出,学者们首先探讨了战略性新兴产业识别的定性(战略性、关联性、成长性、创新性、风险性和导向性等)和定理(R&D投入比重、单位产值能耗率、就业增长率等)标准(刘洪昌等,2010;贺正楚等,2011;黄鲁成等,2012);然后,有学者运用层次分析等评价方法确定选择战略性新兴产业的决策依据(孟祥芳,2010),并提出加快培育战略性新兴产业的对策,如加快科技创新、积极培育市场、深化国际合作等(张晓强,2013)。

(2)产业组织模式的研究

战略性新兴产业确定了发展方向后,学者们主要研究该产业生长的"骨架"问题。一些学者认为战略性新兴产业主要由传统产业转型而来,故产业集群成为产业培育的直接载体(刘大勇,2013),而有学者认为传统产业转型具有时滞效应,科技型中小企业及其集群则是战略性新兴产业前期产品创新阶段的主体(刘刚,2012),无论哪种观点产业集群都是战略性新兴产业的有效组织模式。基于上述观点,还有学者研究战略性新兴产业集群的创新特征、协同模式、发展路径等问题,推动了战略性新兴产业集群网络化演进(李扬等,2010;涂文明,2012;喻登科等,2012)。

同时,另一些学者基于产业链(创新)视角研究战略性新兴产业组织结构(演变)。产业链的思想最早源于马歇尔的分工思想(Porter,1980),尽管国外从价值链、供应链的角度考察了产业链(Yunze,2011;Kito,2015),但产业链是一个比较中国化的概念,国内的研究主要集中在战略性新兴产业链的内涵、产业链的类型、产业链的纵向关系、产业链的优化整合、产业链的运行机制以及区域性产业链的研究等方面(丁刚,2012;黄海滨等,2014;袁艳平,2012)。目前,产业链创新在国际竞争中的作用愈发凸显(郎咸平,2008),学者们主要对产业链创新的内涵和模式开展了深入研究,认为产业链创新就是产业链上下游节点间的互动创新(陈小洪等,2008;Lee et al.,2011;Munksgaard et al.,2014),有利于推动产业链横向和纵向的延伸与扩展,体现了产业链形成和完善的基本过程,且其主要包括基于多元化战略的产业链创新、基于产品线延伸的产业链创新和基于品牌延伸的产业链创新三种形式(赵美江,2007)。产业链与创新链的耦合为战略性新兴产业供给侧改革提供了思路,有学者认为二者的协同发展是战略性新兴产业成长的关键(岳中刚,2014),创新链导向下的产业链整合更容易完善区域创新系统的建设,实现新能源、新材料嵌入产品的持续创新(于斌斌,2012)。战略性新兴产业需要依托产业集群载体而培育,完善产业链运作而发展,更需要遵循创新链导向实现技术和产品的持续创新,推动产业链创新下的多方资源整合。

1.2.2 产业合作网络及其演化研究现状

1.产业合作网络研究现状

国外学者通常使用 production networks of industry 表述"产业合作网络",认为网络化的联合生产方式能更有效地整合工业资源、降低产品研发风险、提高研发效率(Plank et al.,2015;Intarakumnerd et al.,2016;Jang,2016)。国内学者则明确产业合作网络作为产业网络(模型)的核心层,主要体现了某产业组织边界内横、纵向企业节点间的产品供给、技术创新、战略联盟等合作关系(刘永俊,2010;刘凤朝,2013),这种关系和结构的嵌入有利于提高企业竞争优势(张章颖,2009)。

目前,关于产业合作网络组织边界的研究主要集中于以下方面。

(1)基于本地蜂鸣的产业集群网络

一些学者认为产业集群在区域经济中扮演着越来越重要的角色,特别是在产业创新领域贡献突出(Shin et al.,2014;黄玮强等,2012),而集群网络则是产业合作创新实现的核心模式,其以科技园、产业园、经济开发区和经济贸易区等为有形载体(Casanueva et al.,2013;Kim,2014;蒋同明,2012),利用产业集群内上、中、下游企业节点之间纵向产业链关系、同环节企业节点之间横向联盟关系开展合作创新(Johnston,2004;Vasudeva et al.,2012),进而提高知识扩散效率和集群整体创新绩效(江虹,2015)。

(2)基于外部联系的跨界产业集群之间的合作网络

有学者认为单纯的产业集群网络会产生过度路径依赖现象,难以产生突破式创新成果,需要构建包括群内协同和群际协同耦合的集群协同创新模式(Yoon,2012;陈金丹,2015),开展企业节点与异质类(其他产业集群、大学、科研机构等)节点的共性技术研发(Tsai et al.,2015;丁莹莹等,2015),利用外部资源优势推动产业跃迁。

(3)基于地理边界和产业边界耦合的合作网络

多数学者基于模糊边界研究空间结构、地理因素、区域政策等对产业发展的影响(潘晓慧,2013),探讨省市、国家和全球地理区域内某一产业合作网络的节点多样性(陈丽娜,2012;Zander et al.,2016;Christian,2016)、复杂结构(An et al.,2015)和小世界涌现特性(郑向杰,2014),为产业转型和升级中资源优化配置与可持续发展提供科学判据。可见,产业合作网络组织边界是多元化的,需要拓展网络结构外延,构建一个以区域内产业集群网络为核心,包含集群外企业、学研机构等节点的广义产业合作网络。

产业合作网络具有复杂网络的典型特征,其表征合作关系的联结规则成为学者们研究的热点问题。一些学者认为专利是产业合作网络绩效的评价指标,利用联合发明专利能有效测度知识扩散、技术转让等产业合作的空间集聚状态(Graf et al.,2009;D'Amore et al.,2013),往往基于专利数据建立产业合作网络(刘晓燕,2013)。也有学者认为针对产业的新兴特性,专利只能部分表征合作关系,还需要考虑项目指标,故基于项目申报数据建立产业合作网络(丁莹莹,2015;Demirkan et al.,2007)。另一些学者在研究集群边界下的产业合作网络过程中,更多采用实证调研的方法获取企业合作数据,利用地理邻近和社会邻近两种机制建立产业合作网络(Cowan et al.,2007;刘秋岭等,2015),这样的网络数据更新缓慢,时效性较差。在不同形式联结规则的基础上,Choi 等(2013)、Lin(2010)、Martina 等(2013)和黄玮强等(2012)在研究中运用复杂网络择优连接机制表达网络合作关系的形成准则,利用多属性集成的网络"边"表征复杂企业合作关系。但上述这些网络联结规则都是"无向-无权"的,没有考虑网络中节点间的上下游产业链、知识流动、合作次数等关系属性,而我国学者江虹等(2015)则在研究中提出产业合作网络应是一种链状产业结构,明晰了产业合作网络的有向、加权联结规则。综上所述,产业合作网络的实证研究中表征合作关系的联结规则是复杂多样的,能够利用仿真研究中复杂网络连接机制并综合上述规则,实现产业合作网络"有向-加权"的系统建模。

2. 产业合作网络演化研究现状

产业合作网络演化主要理论基础源于达尔文的生物进化论,包括遗传、变异和选择三种机制以及复杂系统理论,如自组织理论、复杂适应系统理论;关于产业演化的动力,不同的学者给出了不同的答案,主要有创新、专业化、R&D 外在性、组织和环境、政策、企业家(Mezias et al.,2000)、技术扩散等。有学者从产业链的角度对资源产业演化进行了研究,认为资源、知识和资本、生态分别是资源产业的基础要素、驱动要素和制约要素,并建立以知识、资本、资源、生态共生关系为基础的资源产业链动态演化模型(程宏伟,2008),还有学者从空间的视角探讨了企业共生和产业共栖(刘志高等,2008)。

在产业演化研究的基础上,学者们主要关注产业合作网络演化机理、模型和功能等方面的研究。例如,国外学者 Posch(2010)基于共生理论研究奥地利产业合作网络的循环机理,发现企业间副产品内部循环有利于推动企业联盟的可持续发展;陆瑾等(2008)运用自组织理论剖析产业组织技术合作网络形成演化机理,考察了由微观层面的企业间交互作用引起的系统宏观层面企业技术合作网络生命周期的动态演化过程;另一些学者则基于多主体仿真建模、回归和空间计量、案例和社会网络分析等方法构建产业合作网络演化的理论模型,研究了网络随时间递进呈现的密集、不均匀"核心-边缘"结构(刘秋岭等,2015),及不同结构特征对企业创新绩效的影响(邵云飞等,2012),探讨了绝对地理空间和相对地理空间兼容模式下的产业空间集聚效应,并运用模块化理论探究了模块化产业合作网络演化的反馈功能,发现网络愈加成熟,其对技术进步和价值整合的回旋波作用越明显(Gary et al.,2007;张祥建,2015)。

除上述模块反馈功能外,还有学者研究产业合作网络演进的价值增值、内部治理等功能。例如,我国学者刘刚(2012)从价值网络创建、形成和扩张的演化阶段出发,探讨产业合作网络对应各阶段的研究、开发和生产的网络增值过程;国外学者Zander et al.(2016)则通过德国木材产业合作网络的案例研究,探索性地揭示了有效利用副产品和可再生原料重用的网络治理模式,能极大地提高网络运行效率。可见,产业合作网络演化是一个基于社会关系、模块化和技术合作推动的复杂时空交互动态过程,可以运用社会网络、复杂网络等(仿真)模型实证或实验刻画其自组织演进过程。

1.2.3 战略性新兴产业合作网络研究现状

战略性新兴产业合作网络作为一种介于生产网络和创新网络的过渡形态,具有产品和技术转移的联结特征,但作为较新的研究领域,受(专利、项目)数据收集困难(甘绍宁等,2015)、实证经验不足的影响对其直接研究仍相对较少。

国内外学者主要对战略性新兴产业合作网络节点构成及联结模式等网络形成模式进行了探索性研究。一些学者认为产业中自主创新领先企业和模仿创新企业构成了合作网络的核心节点(Bruton et al.,2007),而有学者则认为战略性产业受新兴性特征的影响,要求大学、科研院所、中介机构和政府等节点同步涌入网络(卢涛等,2015;费钟琳,2013),推进合作网络演化。另一些学者从知识关联和社会(政治、集群)关联的视角出发,研究战略性新兴产业合作网络的联结模式,发现交互并联、集聚协同、知识流动等模式能增加网络整体收益。同时,还有部分学者研究了战略性新兴产业合作网络演化的模型及治理问题,主要运用演化博弈、社会网络分析和知识网络等理论构建网络演化的基本模型,探讨多主体之间的协同策略、组织认同及机会主义、搭便车等行为的治理问题。可见,战略性新兴产业合作网络的形成和演化问题已被学者们关注,且按照主导产业发展规律和Rothwell(1992)的第五代集成创新模式,基于空间集聚的产业集群必然趋于网络化,故开展战略性新兴产业合作网络的形成与演化研究具有一定的前瞻性,是十分必要的。

1.3　研究思路及内容

本书共分为四个篇章,各篇章之间具有承接的关系,从提出问题到解决问题。

第一篇是导入篇,主要包含本书的第 1 章绪论部分。该篇章从提出问题的角度出发,剖析研究背景,明确研究目的及意义,梳理文献综述,并明晰研究思路。

第二篇是产业链创新篇,主要分析网络情境下战略性新兴产业链上、中、下游企业等创新主体参与决策,创新要素融合,围绕产业链部署创新链等产业链创新机理问题。该篇章包括本书的第 2 章产业链创新参与决策、第 3 章新兴产业链环节融通创新和第 4 章产业链与创新链融合。

第三篇是战略性新兴产业合作网络篇,主要运用已有的网络拓扑结构、范数灰关联度模型和本书开发的矢量测度模型分析物流仓储装备业合作网络、大健康产业合作网络、航空航天装备制造业合作网络、3D 打印合作网络等战略性新兴产业合作网络演化规律等网络测度和演化模型构建问题。该篇章包括本书的第 5 章至第 8 章。

第四篇是政策篇,主要是基于两阶段演化博弈、产业集群、产业链创新分析视角,提出支撑我国战略性新兴产业发展的金融支持、集群化、网络化等相关政策建议,包括本书第 9 章至第 11 章。

通过这四个篇的内容,本书旨在全面剖析战略性新兴产业的发展问题,并为相关政策制定提供理论支持和实践指导。

产业链创新篇

第2章　产业链创新参与决策

2.1　产业链创新的内涵

产业链创新是实现产业链现代化的有效路径,强调上、中、下游企业间的合作创新,有利于产业链横向和纵向的延伸与扩展,推动了跨界知识流动、产业标准更新、新兴技术扩散和产品创意涌现,有利于产业链不同环节企业的现代化技术、标准和产品的采纳,从而推动产业链现代化水平。不难发现,产业链创新不仅体现为上、下游微观节点(企业、大学等)间的互动创新,还包括产业链各模块(环节)内部微观节点间的互动创新及各模块(环节)间的宏观互动创新,是一种微观至宏观的创新涌现过程。

产业链创新具有如下特征。

(1)环节-知识模块化分工和整合特性

在产业链中,上、中、下游的每个环节作为产品模块的供应商集合体,具备相同或相似的知识属性,这体现了环节和知识的双重模块化分工。同时,各分工模块(环节)在产业链创新关联规则的约束下进行内部创新,最终实现产业链的整合创新。

(2)复杂集聚和涌现特性

产业链中的微观节点为了获得最大的创新价值而不断尝试并调整创新战略和策略,它们寻找最优的产业链创新价值环节。同时,众多微观节点的网络式交互推动了产业链上、中、下游环节创新的复杂集聚,进而涌现出(各环节异质类)主体多元、(环节内、外部合作)关系融合、(各环节协同创新载体)结构动态、(时间和空间演化)系统持续的产业链创新规律。

2.2 基于直觉模糊集的产业链创新合作伙伴选择决策模型

2.2.1 直觉模糊集的相关概念

模糊集的相关思想最早由美国哲学家 Black 于 1937 年描绘,但模糊集的概念是美国加州大学伯克利分校的 Zadeh 教授于 1965 年提出,直到 1986 年 Atanassov 提出直觉模糊集(intuitionistic fuzzy sets,IFS)理论。随后国内外有很多学者从事直觉模糊集理论研究,并取得了诸多成果。例如,Xu 成功地研究了直觉模糊加权平均(IFWA)算子、直觉模糊混合几何(IFHG)算子和区间直觉模糊加权几何(IIFWG)算子等;王坚强利用证据推理算法提出一种属性权系数信息不完全确定且属性值为区间直觉模糊集的多属性决策方法,并运用粒子群算法求解。同时,直觉模糊集理论在军事、通信、资源管理等领域决策方面也备受关注。本章将直觉模糊集理论引入产业链创新中,基于以下定义构建产业链创新合作伙伴选择群决策模型。

定义 1 设 X 是一个非空经典集合,$X=(x_1,x_2,\cdots,x_n)$,X 上形如 $A=\{[x,\mu_A(x),v_A(x)]|x\in X\}$ 的三重组称为 X 上的一个直觉模糊集。其中 $\mu_A:X\to[0,1]$ 和 $v_A:X\to[0,1]$ 均为 X 的隶属函数,且 $0\leqslant\mu_A(x)+v_A(x)\leqslant1$,这里 $\mu_A(x),v_A(x)$ 分别是 X 上元素 x 属于 A 的隶属度和非隶属度,表示为支持元素 x 属于集合 A 的证据所导出的肯定隶属度的下界和反对元素 x 属于集合 A 的证据所导出的否定隶属度的下界。

定义 2 设 $a=(\mu,v)$ 为一个直觉模糊数,则该直觉模糊数的得分函数为 $S(a)=\mu-v,S(a)\in[-1,1]$,如果 $S(a)$ 的值越大,则相应的直觉模糊数 $a=(\mu,v)$ 也越大。

定义 3 设 $a=(\mu,v)$ 为一个直觉模糊数,则该直觉模糊数的精确度函数为 $H(a)=\mu+v,H(a)\in[0,1]$,如果 $H(a)$ 的值越大,则相应的直觉模糊数 $a=(\mu,v)$ 的精确度越高。

定义 4 设 $a_1=(\mu_1,v_1)$ 和 $a_2=(\mu_2,v_2)$ 为两个直觉模糊数,对应的得分函数分别为 $S(a_1)$ 和 $S(a_2)$,对应的精确度函数分别为 $H(a_1)$ 和 $H(a_2)$,那么

(a)如果 $S(a_1)<S(a_2)$,则 $a_1<a_2$;

(b)当 $S(a_1)=S(a_2)$ 时,如果 $H(a_1)=H(a_2)$,则 $a_1=a_2$;如果 $H(a_1)<H(a_2)$,则 $a_1<a_2$。

定义 5　设 $a_j = (\mu_j, v_j), j = 1, 2, \cdots, n$,为一个直觉模糊数集合,令 IFWA:$Q^n \rightarrow Q$,若 $\mathrm{IFWA}_\omega(a_1, a_2, \cdots a_n) = \sum_{j=1}^n \omega_j a_j = (1 - \prod_{j=1}^n (1 - \mu_j)\omega_j, \prod_{j=1}^n v_j \omega_j)$,则称 IFWA 为 n 维直觉模糊加权平均算子。其中 $\boldsymbol{\omega} = (\omega_1, \omega_2, \cdots, \omega_n)^\mathrm{T}, \omega_j \geq 0, j = 1, 2, \cdots, n, \sum_{j=1}^n \omega_j = 1$。

定义 6　设 t 为阶段变量,则称 $a(t) = (\mu_{a(t)}, v_{a(t)})$ 为直觉模糊变量,其中 $\mu_{a(t)} \in [0, 1], v_{a(t)} \in [0, 1], \mu_{a(t)} + v_{a(t)} \leq 1$。若 $t = t_1, t_2, \cdots, t_p$,则 $a(t_1), a(t_2), \cdots, a(t_p)$ 表示 p 个不同阶段的直觉模糊集。

定义 7　设 $a_{t_k} = (\mu_{t_k}, v_{t_k}), k = 1, 2, \cdots, p$,为 p 个不同时段 t_k 的直觉模糊数,且 $\boldsymbol{\eta}(t) = (\eta(t_1), \eta(t_2), \cdots, \eta(t_p))^\mathrm{T}$ 为阶段序列 t_k 的权重向量,$\eta(t_k) \in [0, 1]$,$\sum_{k=1}^p \eta(t_k) = 1$,则称 $\mathrm{DIFWG}_{\boldsymbol{\eta}(t)}(a_{t_1}, a_{t_2}, \cdots, a_{t_p}) = \prod_{k=1}^p a_{t_k}^{\eta(t_k)} = (\prod_{k=1}^p \mu_{t_k}^{\eta(t_k)}, 1 - \prod_{k=1}^p (1 - v^{t_k})\eta(t_k))$ 为动态直觉模糊加权几何算子。

定义 8　设 $a_j = (\mu_j, v_j), j = 1, 2, \cdots, n$,为一个直觉模糊数集合,令 IFOWA:$Q^n \rightarrow Q$,若 $\mathrm{IFOWA}_\omega(a_1, a_2, \cdots a_n) = \sum_{j=1}^n \omega_j a_{\sigma(j)} = (1 - \prod_{j=1}^n (1 - \mu_{\sigma(j)})\omega_j, \prod_{j=1}^n v_{\sigma(j)} \omega_j)$,则称 IFOWA 为 n 维直觉模糊有序加权平均算子。其中 $a_{\sigma(j)} = (\mu_{\sigma(j)}, v_{\sigma(j)})$ 是 $a_j = (\mu_j, v_j)$ 中第 j 个大的元素,$\boldsymbol{\omega} = (\omega_1, \omega_2, \cdots, \omega_n)^\mathrm{T}$ 为与 IFOWA 算子相关联的权重向量(位置向量),$\omega_j \geq 0, j = 1, 2, \cdots, n, \sum_{j=1}^n \omega_j = 1$。

2.2.2　模型的基本假设

1. 产业链创新合作伙伴选择的动态直觉假设

产业链创新合作伙伴的选择需要参考多个时段的评价结果,基于产业链创新合作伙伴选择的有限理性的分析,本章提出如下动态直觉假设:

设共有 m 个可供选择的合作伙伴 $A_1, A_2, \cdots, A_m$,共有 n 个共同的评价准则 $G_1, G_2, \cdots, G_n$,其权重向量为 $\boldsymbol{\omega} = (\omega_1, \omega_2, \cdots, \omega_n)^\mathrm{T}, \omega_j \geq 0, j = 1, 2, \cdots, n, \sum_{j=1}^n \omega_j = 1$,共有 q 个专家 $D_1, D_2, \cdots, D_q$ 进行评价。

t_k 为 p 个不同的时段,$k = 1, 2, \cdots, 4$,其权重向量为 $\boldsymbol{\eta}(t) = (\eta(t_1), \eta(t_2), \cdots, \eta(t_p))^\mathrm{T}, \eta(t_k) \in [0, 1]$,$\sum_{k=1}^p \eta(t_k) = 1$;$\widetilde{\boldsymbol{R}}^h(t_k) = (\widetilde{r}_{ij}^h(t_k))_{m \times n} = (\mu_{ij}^h(t_k), v_{ij}^h(t_k))_{m \times n}$ 为 $t_k(k = 1, 2, \cdots, p)$ 时段的直觉模糊决策矩阵,其中 $\mu_{ij}^h(t_k)$ 表示 t_k 时段合作伙伴 A_i

满足评价准则 G_j 的程度,$v_{ij}^h(t_k)$ 表示 t_k 时段合作伙伴 A_i 不满足评价准则 G_j 的程度;使得 $\mu_{ij}^h(t_k) \in [0,1]$,$v_{ij}^h(t_k) \in [0,1]$,$\mu_{ij}^h(t_k)+v_{ij}^h(t_k) \leqslant 1$,$i=1,2,\cdots,m,j=1,2,$ $\cdots,n,h=1,2,\cdots,q$。

2. 产业链创新合作伙伴选择决策评价的偏好假设

依据对产业链创新合作伙伴的选择偏好分析,本章提出如下产业链创新合作伙伴选择偏好假设:

假设决策者 h 对合作伙伴 A_i 有一定的偏好,偏好值是以直觉模糊数形式给出,即 $\tilde{\theta}_i^h = (\alpha_i^h,\beta_i^h)$,$i=1,2,\cdots,m;h=1,2,\cdots,q$。

2.3 模型构建与求解

图 2-1 所示为模型求解流程图。

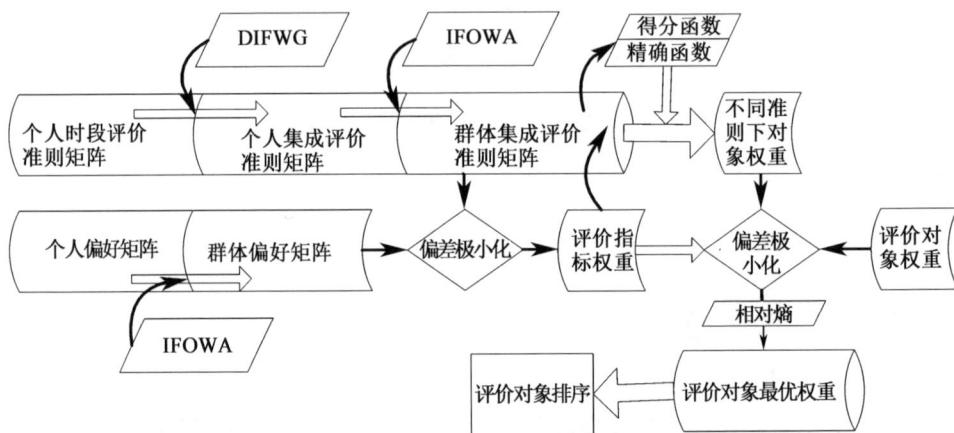

图 2-1 模型求解流程图

2.3.1 矩阵集成运算

1. 基于 DIFWG 算子的个人决策矩阵集成

把所有的直觉模糊决策矩阵 $\tilde{\boldsymbol{R}}^h(t_k)$,$k=1,2,\cdots,p$,集成为综合的直觉模糊决策矩阵 $\tilde{\boldsymbol{R}}^h = (\tilde{r}_{ij}^h)_{m\times n} = (\mu_{ij}^h,v_{ij}^h)_{m\times n}$,$h=1,2,\cdots,q$;其中

$$\tilde{r}_{ij}^h = (\mu_{ij}^h,v_{ij}^h)$$

$$= \mathrm{DIFWG}_{\eta(t)} \left(\tilde{r}_{ij}^{h}(t_1), \tilde{r}_{ij}^{h}(t_2), \cdots, \tilde{r}_{ij}^{h}(t_p) \right)$$

$$= \left(\prod_{k=1}^{p} \mu_{ij}^{h}(t_k) \eta(t_k), 1 - \prod_{k=1}^{p} (1 - v_{ij}^{h}(t_k)) \eta(t_k) \right) \quad\quad (\text{公式 1})$$

2. 基于 IFOWA 算子的群体决策矩阵和偏好集成

$$\tilde{r}_{ij} = (\mu_{ij}, v_{ij})$$

$$= \mathrm{IFOWA}_W \left(\tilde{r}_{ij}^{1}, \tilde{r}_{ij}^{2}, \cdots \tilde{r}_{ij}^{q} \right)$$

$$= \sum_{h=1}^{q} W_h \tilde{r}_{ij\sigma(h)}$$

$$= \left(1 - \prod_{h=1}^{q} (1 - \mu_{\sigma(h)}) W_h, \prod_{h=1}^{q} v_{\sigma(h)} W_h \right) \quad\quad (\text{公式 2})$$

其中,$\tilde{r}_{ij\sigma(h)} = (\mu_{\sigma(h)}, v_{\sigma(h)})$ 是 $\tilde{r}_{ij}^{1}, \tilde{r}_{ij}^{2}, \cdots, \tilde{r}_{ij}^{q}$ 中第 h 大的元素(可根据定义 4 比较各直觉模糊数的大小),当 $h = 1, 2, \cdots, q$ 时是其重排序。

$$\tilde{\theta}_i = (\alpha_i, \beta_i)$$

$$= \mathrm{IFOWA}_W \left(\tilde{\theta}_i^{1}, \tilde{\theta}_i^{2}, \cdots \tilde{\theta}_i^{q} \right)$$

$$= \sum_{h=1}^{q} W_h \tilde{\theta}_{i\sigma(h)}$$

$$= \left(1 - \prod_{h=1}^{q} (1 - \alpha_{i\sigma(h)}) W_h, \prod_{h=1}^{q} \beta_{i\sigma(h)} W_h \right) \quad\quad (\text{公式 3})$$

其中,$\tilde{\theta}_{i\sigma(h)} = (\alpha_{i\sigma(h)}, \beta_{i\sigma(h)})$ 是 $\tilde{\theta}_i^{1}, \tilde{\theta}_i^{2}, \cdots \tilde{\theta}_i^{q}$ 中第 h 大的元素,当 $h = 1, 2, \cdots, q$ 实现了重排序。

2.3.2　求取相关权重信息

1. 基于偏好的准则客观加权向量获取

决策者对合作伙伴 A_i 的偏好 $\tilde{\theta}_i = (\alpha_i, \beta_i)$ 与对其各准则 G_j 的偏好 $\tilde{r}_{ij} = (\mu_{ij}, v_{ij})$ 存在一定的差距,为了使决策具有合理性,准则权重的选择应使对 A_i 的偏好与对准则的偏好之间的总偏差最小化,并构造如下的单目标最优化模型:

$$\begin{cases} \min D(\omega) = \sum_{i=1}^{m} \sum_{j=1}^{n} d(\tilde{r}_{ij}, \tilde{\theta}_i) \omega_j = \dfrac{1}{2} \sum_{i=1}^{m} \sum_{j=1}^{n} \omega_j \left[|\mu_{ij} - \alpha_i| + |v_{ij} - \beta_i| \right] \\[2mm] \mathrm{s.\,t.} \quad \sum_{j=1}^{n} \omega_j^2 = 1, \omega_j \geqslant 0, j = 1, 2, \cdots, n \end{cases}$$

由此得到的最优准则权重为 $\omega_j^* = \dfrac{\sum\limits_{i=1}^{m} \left[\, |\mu_{ij} - \alpha_i| + |\upsilon_{ij} - \beta_i| \,\right]}{\sqrt{\sum\limits_{j=1}^{n} \left(\sum\limits_{i=1}^{m} \left[\, |\mu_{ij} - \alpha_i| + |\upsilon_{ij} - \beta_i| \,\right] \right)^2}}, j =$

$1, 2, \cdots, n$;其中,$d(\tilde{r}_{ij}, \tilde{\theta}_i)$ 表示决策者对合作伙伴 A_i 关于决策准则 G_j 的偏好值与决策者对 A_i 的偏好值之间的偏差。$D(\omega)$ 表示决策者对所有 A_i 关于所有准则的偏好值与决策者对所有方案的偏好值之间的总偏差。

考虑上述优化模型的约束条件 $\left(\sum\limits_{j=1}^{n} (\omega_j^*)^2 = 1 \right)$,且为了放大指标之间的差距,本章修改以往基于均值的做法,运用加权平均的思想对 ω_j^* 进行归一化处理,得到准则权重为

$$\omega_j = \left(\frac{\omega_j^*}{\sum\limits_{j=1}^{n} \omega_j^*} \right) \cdot \omega_j^* \Big/ \sum\limits_{j=1}^{n} \left(\frac{\omega_j^*}{\sum\limits_{j=1}^{n} \omega_j^*} \right) \cdot \omega_j^* = (\omega_j^*)^2 \Big/ \sum\limits_{j=1}^{n} (\omega_j^*)^2 = (\omega_j^*)^2$$

$$= \frac{\left(\sum\limits_{i=1}^{m} \left[\, |\mu_{ij} - \alpha_i| + |\upsilon_{ij} - \beta_i| \,\right] \right)^2}{\sum\limits_{j=1}^{n} \left(\sum\limits_{i=1}^{m} \left[\, |\mu_{ij} - \alpha_i| + |\upsilon_{ij} - \beta_i| \,\right] \right)^2} \quad j = 1, 2, \cdots, n \qquad \text{(公式4)}$$

2. 不同准则下评价对象权重向量的获取

设 ω_{ij} 表示第 j 准则下第 i 个评价对象的权重,且 $\sum\limits_{i=1}^{m} \omega_{ij} = 1, \omega_{ij} \geqslant 0$。依据群体集成矩阵 $\widetilde{\boldsymbol{R}} = [\tilde{r}_{ij}]$,并结合定义 2、3 可计算得到第 j 准则下第 i 个评价对象的得分值 S_{ij} 和精确度 H_{ij},则

$$\omega_{ij} = \omega_{ij}^* \Big/ \sum\limits_{i=1}^{m} \omega_{ij}^* \qquad \text{(公式5)}$$

其中,$\omega_{ij}^* = w_{S_{ij}} \cdot p_{S_{ij}} + w_{H_{ij}} \cdot p_{H_{ij}}, w_{S_{ij}} = S_{ij} \Big/ \sum\limits_{i=1}^{m} S_{ij}; w_{H_{ij}} = H_{ij} \Big/ \sum\limits_{i=1}^{m} H_{ij}; p_{S_{ij}} = S_{ij} / (S_{ij} + H_{ij})$, $p_{H_{ij}} = H_{ij} / (S_{ij} + H_{ij})$,且 $i = 1, 2, \cdots, m, j = 1, 2, \cdots, n$。

2.3.3 相对熵的引入

相对熵用来测度不同变量的符合程度。其公式为 $h(X, Y) = \sum\limits_{i=1}^{n} x_i \lg(x_i / y_i)$ $(x_i, y_i \geqslant 0, i = 1, 2, \cdots, n,$ 且 $1 = \sum\limits_{i=1}^{n} x_i \geqslant \sum\limits_{i=1}^{n} y_i)$,其中 $X = (x_1, x_2, \cdots,$

$x_n),Y=(y_1,y_2,\cdots,y_n)$。在产业链创新合作伙伴选择决策过程中,引入相对熵来测度不同准则下评价对象权重信息 ω_{ij} 和实际评价对象权重信息 f_i 的偏差,相对熵越小表示两类权重信息偏差越小。为了求取评价对象理想的最优权重解,构造如下的最优化模型:

$$
\begin{cases}
\min RE(\omega) = \sum_{j=1}^{n} \omega_j \sum_{i=1}^{m} f_i \lg(f_i/\omega_{ij}) \\
\text{s.t.} \ \sum_{i=1}^{m} f_i = 1, f_i > 0, i = 1,2,\cdots,m
\end{cases}
$$

得到评价对象理想的最优权重解为

$$
f_i^* = \prod_{j=1}^{n} (\omega_{ij}) \omega_j / \sum_{i=1}^{m} \prod_{j=1}^{n} (\omega_{ij}) \omega_j \quad i = 1,2,\cdots,m \qquad \text{(公式6)}
$$

并根据 f_i^* 值的大小,对合作伙伴 A_i 进行综合排序, f_i^* 值越大 A_i 越优秀。

2.3.4 产业链创新合作伙伴选择决策步骤

步骤1:获取多年评价指标的客观数据,并参考其对上级指标打分,同时进行偏好打分,获取对评价对象的偏好矩阵 $\widetilde{\theta}_i^h = (\alpha_i^h, \beta_i^h)$ 和评价的直觉模糊数矩阵 $\widetilde{R}^h(t_k) = (\widetilde{r}_{ij}^h(t_k))$;

步骤2:运用(公式1)集成多个时段,计算个人评价准则集成矩阵 $\widetilde{R}^h = (\widetilde{r}_{ij}^h)$;

步骤3:运用(公式2)和(公式3)集成多位专家,计算群体评价准则集成矩阵 $\widetilde{R} = (\widetilde{r}_{ij})$ 和偏好集成矩阵 $\widetilde{\theta}_i = (\alpha_i, \beta_i)$;

步骤4:运用(公式4)求解评价准则的客观权重 ω_j;

步骤5:运用(公式5)获取不同准则下评价对象的权重向量 ω_{ij};

步骤6:运用(公式6)计算评价对象理想的最优权重 f_i^*;

步骤7:依据步骤6中的最优权重进行评价对象排序。

本 章 小 结

产业链创新合作伙伴的选择既是企业创新所面临的现实问题,也是国内外产业链合作创新研究领域的新问题。本章通过深入剖析产业链创新合作伙伴选择的实际情况,基于产业链合作创新的社会资本涌入和信息不对称现象,对产业链创新合作伙伴选择决策的偏好特性和有限理性进行了分析,并结合直觉模糊理论构建了"群偏好-多时段-群决策"的产业链创新合作伙伴选择决策模型。同时,通过将DIFWGS算子、IFOWA算子和相对熵进行结合应用,提高了产业链创新合作伙伴选择的准确性和效率,为产业链创新战略的顺利实施提供了有力保障。

第3章 新兴产业链环节融通创新

3.1 新兴产业链环节融通创新及融通创新网络

基于企业和产学研微观层面的融通创新强调跨组织合作、资源融合互补、知识协同共享和价值共创共得,而产业链环节宏观层面的融通创新是在微观层面基础上得以实现的。

3.1.1 新兴产业链环节融通创新

新兴产业链环节融通创新具有以下两种特征:

(1)协同性。产业链环节(虚拟组织)间的协同,为知识、技术和其他资源创新要素流动提供了联结方式或渠道。

(2)耦合性。各环节创新要素在企业或联盟等组织内部匹配和集成,彼此吸收、融合,最终涌现出新的创新成果。

因此,本章界定新兴产业链环节融通创新是基于上下游企业内(多元化)和外部(非多元化)协同创新要素的耦合,实现宏观层面上同一产业链上下游环节间产品、知识、技术等创新资源的复杂集聚和有序流动,进而呈现产业链上下游环节间融通创新态势。

融通创新网络的理论基础是组织模块化网络。模块化网络是指模块按照一定的规则与其他模块相互联系而构成的更加复杂的系统,能反映组织内各种组成要素的整体态势和彼此间功能关系。新兴产业链环节融通创新是微观企业创新要素集聚的宏观涌现。产业链环节的组织模块化体现了同行企业资源的集聚特性,模块化网络能有效反映新兴产业链环节融通创新的整体态势。

因此,本章在组织模块化网络基础上,界定新兴产业链环节融通创新网络是新兴产业链各环节组织模块化后,基于模块组织边界内、外微观企业间多协同关系、多要素耦合的宏观复杂动态系统。

3.1.2 新兴产业链环节融通创新网络具有的组织模块化网络

新兴产业链环节融通创新网络具有组织模块化网络的基本特征:

(1)拓扑结构特征。新兴产业链环节融通创新网络的拓扑结构主要是指网络中各个节点相互连接的形式,组成网络的主体在构型和子群结构方面相互联系,彼此协同。

(2)动态演化性特征。新兴产业链环节融通创新网络演化是从网络演化视角对战略性新兴产业链环节融通演化的透视,运用复杂网络演化理论揭示新兴产业链环节融通创新网络时间(生命周期)递进和空间(拓扑结构)扩散过程,有利于明晰新兴产业链环节融通创新网络治理机制。

3.2 基于企业多元化战略的新兴产业链环节融通创新机理

企业是新兴产业链环节融通创新的微观基础,通过企业的内、外部资源整合实现产业链环节的融通创新。企业的资源整合与其战略选择密切相关。根据资源基础理论,新兴产业链不同环节中,企业核心的知识和技术等独特资源与能力是其持久竞争优势的源泉,这些资源通常不具有流动性。而资源依赖理论强调企业作为开放系统必须获得资源,但要想获取这些独特的资源,企业需要采取前后向一体化的多元化战略,如兼并等,以实现隐性知识转移。

基于资源基础和资源依赖理论,本章剖析了新兴产业链环节融通创新机理,具体如图 3-1 所示。

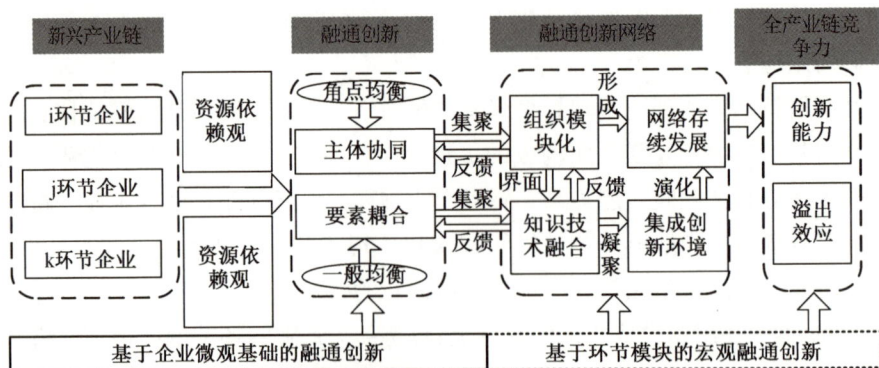

图 3-1 新兴产业链环节融通创新机理

3.3　研 究 模 型

3.3.1　基于 2-模网络的新兴产业链环节融通创新网络构型

设新兴产业链环节融通创新网络 $G = (N, V)$ 有 N 个节点、V 条边,且具体的新兴产业链环节融通创新网络结构如图 3-2 所示。

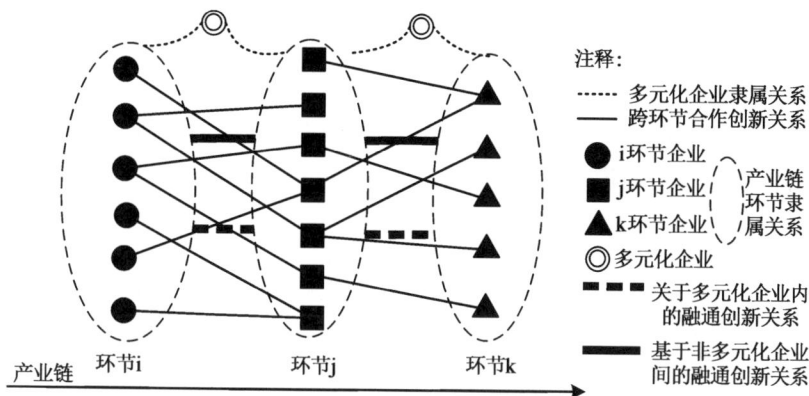

图 3-2　基于 2-模网络的新兴产业链环节融通创新网络构型

（1）节点

假设某产业链仅包含 i、j、k 三个环节,由于新兴产业链不同环节创新微观主体的模块知识属性迥异,故本章将网络 G 的节点 N 划分为环节 i、j、k 创新模块节点 N_i、N_j、N_k,且 $N = N_i + N_j + N_k$。

（2）连边

新兴产业链环节融通创新网络中,不仅包含隶属(产业链环节隶属关系)于不同环节的企业节点之间协同创新(跨环节合作创新关系)集聚形成(企业-环节组织的 2-模网络)的融通创新关系 V_1,还包含隶属于多个环节的企业(多元化企业隶属关系)内部创新要素耦合形成(企业-环节组织的 2-模网络)的融通创新关系 V_2,V_1、V_2 的权重分别为 W_1、W_2,且 $V = V_1 + V_2$。

（3）网络拓扑特征

基于节点 N_i、N_j、N_k 和连边 V_1、V_2,运用网络密度、聚类系数、中心度(度数中心度、中间中心度、接近中心度和特征向量中心度)等指标呈现新兴产业链环节融通

创新网络 G 的拓扑特征。

3.3.2 基于对应分析的新兴产业链环节融通创新网络子群结构识别模型

在社会网络分析中,模(mode)指的是行动者的集合,是网络中社会行动者集合的类型的数目,把来自一类行动者集合与另一类行动者集合之间关系的网络称为 2-模网络。对应分析是将变量间 R 型因子分析和样品间 Q 型因子分析结合起来分析,进而揭示变量和样品间的内在联系。本章参照周杰等的研究,运用对应分析识别基于产业链环节模块(变量)和企业(样品)间隶属关系的新兴产业链环节融通创新网络子群结构,据此剖析探究新兴产业链环节融通态势。具体分析步骤如下。

(1)计算过渡矩阵

设共有 p 个环节模块、n 个企业的新兴产业链环节融通创新 2-模网络的关联矩阵为 $\boldsymbol{X}=(x_{ij})$,据此计算过渡矩阵 $\boldsymbol{Z}=(z_{ij})$,$i=1,2,\cdots,n,j=1,2,\cdots,p$。其中

$$z_{ij} = \frac{x_{ij} - \dfrac{x_j x_i}{T}}{\sqrt{x_j x_i}}, x_i = \sum_{j=1}^{p} x_{ij}, x_j = \sum_{i=1}^{n} x_{ij}, T = \sum_{i}^{n} \sum_{j}^{p} x_{ij}$$

(2)R 型因子分析和 Q 型因子分析

计算协差阵 $\boldsymbol{A}=\boldsymbol{Z}'\boldsymbol{Z}$ 的特征根 $\lambda_1 \geqslant \lambda_2 \geqslant \cdots \geqslant \lambda_P$,按其累计贡献率百分比大于等于 85%,取前 m 个特征根 $\lambda_1,\lambda_2,\cdots\lambda_m$,并计算相应的单位特征向量 $u_1,u_2,\cdots u_m$,从而得到 R 型因子载荷阵:

$$\boldsymbol{F} = \begin{bmatrix} u_{11}\sqrt{\lambda_1} & u_{12}\sqrt{\lambda_2} & \cdots & u_{1m}\sqrt{\lambda_m} \\ u_{21}\sqrt{\lambda_1} & u_{22}\sqrt{\lambda_2} & \cdots & u_{2m}\sqrt{\lambda_m} \\ \vdots & \vdots & & \vdots \\ u_{p1}\sqrt{\lambda_1} & u_{p2}\sqrt{\lambda_2} & \cdots & u_{pm}\sqrt{\lambda_m} \end{bmatrix}$$

对于上述所求的 m 个特征根,计算其对应于矩阵 $\boldsymbol{B}=\boldsymbol{Z}\boldsymbol{Z}'$ 的单位特征向量,从而得到 Q 型因子载荷阵:

$$\boldsymbol{G} = \begin{bmatrix} v_{11}\sqrt{\lambda_1} & v_{12}\sqrt{\lambda_2} & \cdots & v_{1m}\sqrt{\lambda_m} \\ v_{21}\sqrt{\lambda_1} & v_{22}\sqrt{\lambda_2} & \cdots & v_{2m}\sqrt{\lambda_m} \\ \vdots & \vdots & & \vdots \\ v_{n1}\sqrt{\lambda_1} & v_{n2}\sqrt{\lambda_2} & \cdots & v_{nm}\sqrt{\lambda_m} \end{bmatrix}$$

（3）画图

在两两因子轴上做变量点图和样品点图,根据因子平面上所呈现出的变量间、样品间及变量与样品之间的相互关系,进行统计推断和分析。

3.4 实证研究

3.4.1 数据搜集及整理

大健康产业作为战略性新兴产业,涉及诸多环节,已打破原有的产业链上、中、下游三分模式。实践界和理论界开展了大健康产业链的环节研究。通过对比已有研究成果,本章认为《2019 年中国大健康产业全景图谱》报告确定的大健康产业链全景(图 3-3)能更全面地反映大健康产业链环节构成。同时,本章在大健康产业链全景的基础上,结合协同创新的多元、融合、动态、持续特点,遵循科学性和全面性相结合的原则,进一步确定了健康险、医疗器械、智能硬件、医疗机器人、药品供应商、大数据服务商、云计算服务商、物联网服务商、医疗信息化厂商、医疗集团、综合医院、专科医院、移动运营商、移动终端制造商、医生端应用、消费者端应用、零售药店/医药电商 17 个大健康产业链模块。

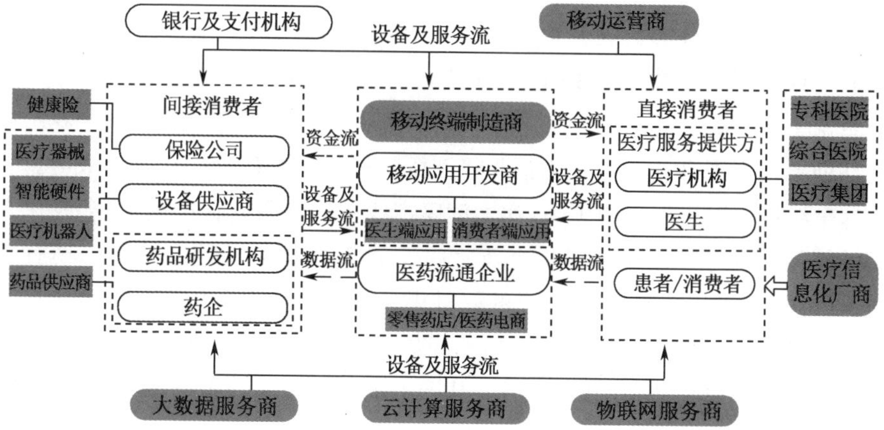

图 3-3 大健康产业链全景

然后,基于确定的 17 个大健康产业链模块,我们确定了单一隶属于 17 个产业链模块之一的"非多元化企业"和 30 家隶属于多个产业链模块的参与创新的"多元化企业"。针对这些"非多元化企业",我们按照 2010—2012 年,2013—2015 年,2016—2018 年每三年一个切片周期进行联合发明专利检索。最后,通过计算机编程,我们确定了产业链模块间基于非多元化企业间合作和多元化企业内部融通的关联矩阵。

3.4.2 大健康产业链环节融通创新网络构型及特征分析

1. 融通创新网络构型

本章运用 Netlogo 软件绘制了图 3-4 所示的大健康产业链环节融通创新网络。图中实线表示非多元化企业间协同产生的环节融通,虚线表示多元化企业内部协同产生的环节融通。

由图 3-4 可见,大健康产业链环节融通创新网络直观揭示了不同产业链环节间的融通和要素耦合关系,且随着时间的递进,网络的结构愈发复杂。2010—2012年,医疗器械、智能硬件、医疗信息化和消费者端应用环节处于网络的中心地位,具有较高的融通效率。尤其是医疗信息化与移动运营商之间的融通(连边不重复),互补了基于非多元化企业间的融通(连边不重复),进而增加了网络连通度。2013—2015 年,医疗器械成为网络的最大中心节点,表明此时的大健康产业链环节间的创新要素仍主要集中于"半截子技术"的医疗器械研发领域。同样,医疗机器人、移动运营商和医疗信息化之间的融通(连边不重复),与基于非多元化企业间的融通(连边不重复)形成互补。2016—2018 年,医疗器械和消费者端应用都成了网络中心点,表明此时的大健康产业链环节间的创新要素已经转向于"互联网+"模式的集聚。基于多元化企业内部的环节融通增多,但与基于非多元化企业间的融通仍具有明显互补效应(连边不重复)。

结论 1 具体在大健康产业链各环节创新要素"网络"融通过程中,多元化企业内部创新要素耦合与非多元化企业间创新要素耦合具有"连边"互补效应。

这个结论可以进一步明确为:在大健康产业链的融通创新过程中,多元化企业内部的创新要素与其他非多元化企业之间的创新要素在"网络"结构中具有互补效应,这种互补效应体现在"连边"的互补上。换言之,多元化企业内部的不同创新要素之间以及非多元化企业之间的不同创新要素之间,通过互补关系形成了更为紧密的连接和更为复杂的网络结构,从而推动了整个大健康产业链的融通创新。

2. 融通创新网络特征分析

基于图 3-4 所示的大健康产业链环节融通创新网络可以计算网络密度、聚类系数和中心度等网络特征(结构变量)值,具体如表 3-1 所示。

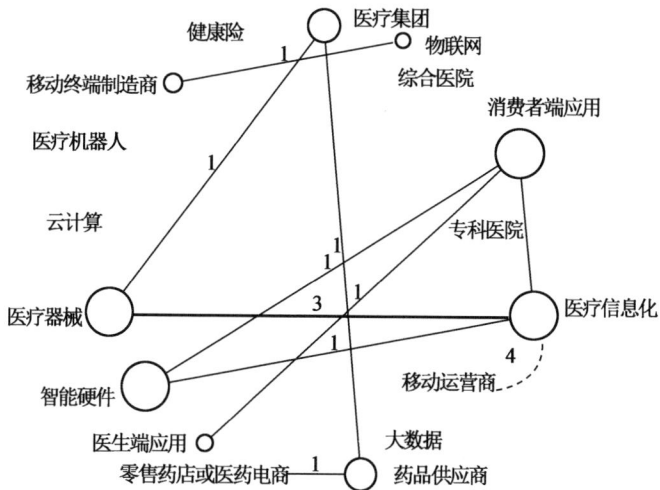

（a）2010—2012 年

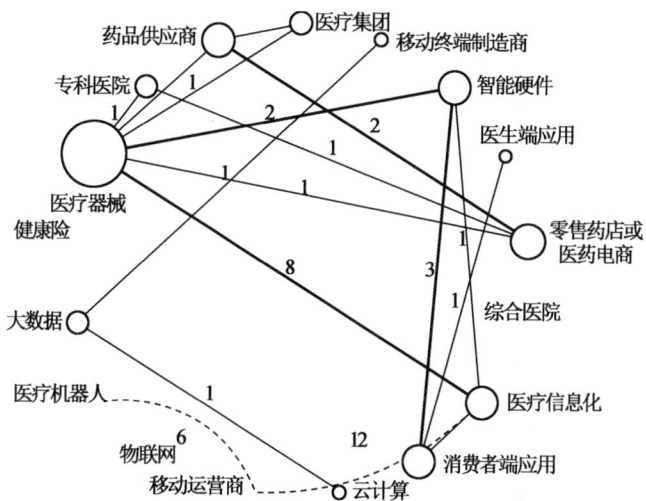

（b）2013—2015 年

图 3-4　大健康产业链环节融通创新网络

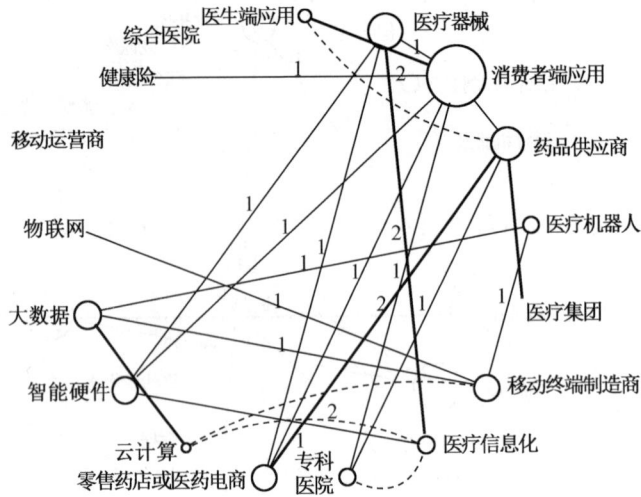

（c）2016—2018 年

图 3-4（续）

表 3-1　大健康产业链环节融通创新网络结果特征

周期/年	网络密度/%	聚类系数/%	中心度			
			度数中心度/%	中间中心度/%	接近中心度/%	特征向量中心度/%
2010—2012	0.080 9	0.098 0	0.080 9	0.027 5	0.336 4	0.741 4
2013—2015	0.125 0	0.290 2	0.125 0	0.035 3	0.433 3	0.624 2
2016—2018	0.169 1	0.365 0	0.169 1	0.092 6	0.328 3	0.469 5

从表 3-1 中可以看出,2010—2018 年,大健康产业链环节融通创新网络的密度以平均约 4% 的速度增长;聚类系数在 2013—2015 年较 2010—2012 年增长了约 20%,而到 2016—2018 年 α 增长了约 7%。

本章主要从度数中心度、中间中心度、接近中心度和特征向量中心度四个维度来考察大健康产业链环节融通创新网络中心度的变化。2010—2018 年,度数中心度以平均约 4% 的速度增长。中间中心度在 2013—2015 年较 2010—2012 年增长了约 0.01%,而到 2016—2018 年 α 增长了约 0.06%。接近中心度则在经历了 2013—2015 年的增长后,在 2016—2018 年开始下降。特征向量中心度则呈现出 2010—2018 年每三年约 1% 的下降趋势。

基于上述分析,本章得到结论 2。

结论 2　2010—2018 年,大健康产业链环节融通创新网络的密度、聚类系数、度数中心度和中间中心度呈现出增长趋势;而接近中心度则呈现出先增长后下降的"倒 U 形"分布趋势;同时,特征向量中心度则呈现出递减的趋势。

3.5　大健康产业链环节融通创新网络子群结构分析

为了进一步分析大健康产业链环节融通创新要素的集聚态势,本章利用 3.3 节的对应分析识别 2016—2018 年融通创新网络子群结构。首先,基于对应分析结果在两因子轴上做产业链环节模块(变量)点图和企业(样品)点图,如图 3-5 所示。我们可以看到产业链环节模块(变量)点图和企业(样品)点图分别绘制在两个坐标轴上。这种图形有助于我们更好地理解产业链环节和企业之间的对应关系。

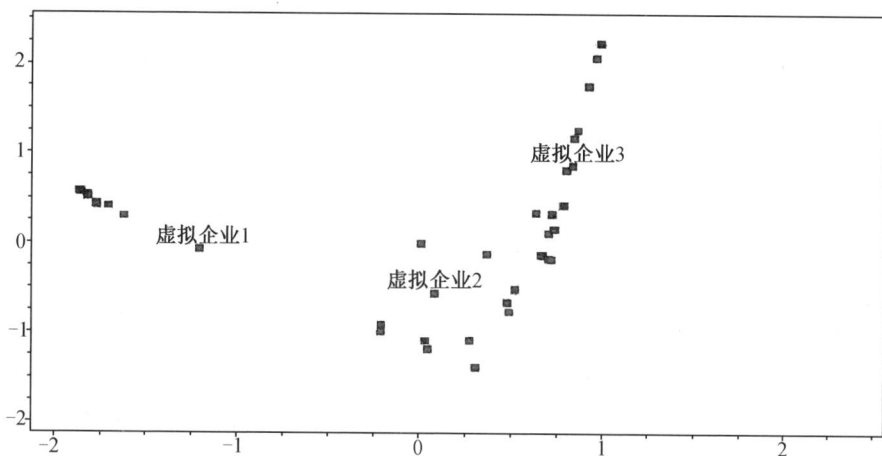

注:横轴因子:模式创新偏好;纵轴因子:技术创新偏好。

图 3-5　大健康产业链环节融通创新网络子群结构

需要注意的是,这里提到的"对应分析"是一种统计学方法,用于研究变量与样品之间的对应关系。这种方法可以帮助我们更好地理解数据之间的关系,从而更好地分析问题。

同时,这里提到的"融通创新网络子群结构"是指在大健康产业链环节中,不同企业之间通过合作、创新等方式形成的网络结构。这个结构可以帮助我们更好地理解企业之间的合作关系,从而更好地分析问题。

总的来说，这段文字描述了一种利用统计学方法分析大健康产业链环节融通创新要素集聚态势的方法，并且通过图形化的方式呈现了分析结果。

然后，基于因子1和因子2的得分为其命名，具体见表3-2。根据因子得分的正负差距，确定因子的技术或模式创新偏好。不难发现，因子1不同环节融通创新的模式创新更集中，而因子2的技术创新偏好更丰富，故本章将因子1命名为模式偏好因子，将因子2命名为技术偏好因子。

表3-2 因子命名表

产业链环节	得分		创新偏好	
	因子1	因子2	因子1	因子2
健康险	0.711	−0.181	模式	模式
医疗器械	0.289	−1.277	技术	技术
智能硬件	0.264	−1.085	技术	技术
医疗机器人	−1.873	0.562	模式	技术
药品供应商	0.834	1.176	模式	技术
大数据	−1.875	0.575	模式	技术
云计算	−1.717	0.416	模式	技术
物联网	−1.784	0.431	模式	技术
医疗信息化	−0.214	−0.910	—	—
专科医院	0.359	−0.121	模式	技术
综合医院	0.000	0.000	—	—
医疗集团	0.956	2.072	—	—
移动运营商	0.000	0.000	—	—
移动终端制造商	−1.632	0.307	模式	技术
医生端应用	0.778	0.430	—	—
消费者端应用	0.650	−0.129	模式	技术
零售药店/医药电商	0.712	0.332	—	—

最后，根据图3-5因子平面上所呈现出的产业链环节模块间、企业间以及二者之间的相互关系，进行描述分析。由图3-5可见，基于融通创新2-模网络的因子1和因子2将17个大健康产业链环节模块划分为3个融通创新子群。

（1）传统医疗子群

传统医疗子群是由药品供应商和医疗集团组成的，依托传统医疗业务而进行要素融合。

（2）新兴技术子群

新兴技术子群由医疗机器人、大数据、云计算、物联网和移动终端制造商组成，依托新兴技术"同心多元化"战略关联而产生要素融合。

（3）数字健康子群

数字健康子群由健康险、医疗器械、智能硬件、医疗信息化厂商、专科医院、综合医院、移动运营商、医生端应用、消费者端应用和零售药店/医药电商组成，体现了数字要素的融入作用。

基于上述分析，本章得到结论 3。

结论 3　基于技术偏好创新因子和模式偏好创新因子的大健康产业链环节融通创新网络可分割为数字健康、新兴技术和传统医疗 3 个融通创新子群，且数字健康融通创新子群处于连通其他 2 个子群的"桥梁"位置。

本 章 小 结

本章首次尝试构建新兴产业链与创新链的融通创新网络，发现融通创新网络具有协同性和耦合性，且由微观企业和宏观产业链组成，宏观层面的融通创新是在微观层面基础上得以实现的。融通创新网络的理论基础是组织模块化网络，本章在组织模块化网络基础上界定新兴产业链环节融通创新网络是新兴产业链各环节组织模块化后，基于模块组织边界内、外微观企业间多协同关系、多要素耦合的宏观复杂动态系统。然后，根据资源基础理论和资源依赖观剖析了新兴产业链环节融通创新机理，并发现新兴产业链环节融通创新网络具有组织模块化网络的基本特性；基于 2-模网络构建了新兴产业链环节融通创新网络构型，并运用对应分析构建了新兴产业链环节融通创新网络子群结构识别模型。通过大健康产业的实证研究，发现大健康产业链各环节创新要素"网络"融通过程中，多元化企业内部创新要素耦合与非多元化企业间创新要素耦合具有"连边"互补效应；大健康产业链环节融通创新网络密度、聚类系数、度数中心度和中间中心度呈增长趋势，接近中心度呈"倒 U 形"分布，特征向量中心度具有递减趋势；基于技术偏好创新因子和模式偏好创新因子的大健康产业链环节融通创新网络可分割为数字健康、新兴技术和传统医疗 3 个融通创新子群，且数字健康融通创新子群处于连通其他 2 个子群的"桥梁"位置。

第4章 产业链与创新链融合

4.1 内涵分析

4.1.1 基于产业链部署创新链

产业是发展的重要载体,创新是引领发展的第一动力。习近平总书记强调,要围绕产业链部署创新链、围绕创新链布局产业链,推动经济高质量发展迈出更大步伐。这深刻揭示了科技创新必须与产业发展、经济发展紧密结合、同向发力、协同联动、互促提高的内在要求。目前,我国已连续多年成为世界第一制造业大国,但科技与经济结合不紧密、产品附加值偏低、竞争力不强等问题仍然比较突出。为了解决这些问题,亟须通过产业链与创新链的融合发展来提升产业附加值、促进产业链供应链现代化发展、增强产业综合竞争力。同时,这也将推动我国经济发展由要素驱动型转向创新驱动型,实现中国制造由大到强的转变。本章将从内涵分析开始,依次剖析双链融合的过程、机理与模型。

基于产业链部署创新链是一种战略性的方法,旨在最大限度地整合和协调产业链的各个环节,以推动创新的发展和应用。这里所称的"(产业)创新链",是指围绕某一个创新的核心主体(产业链环节模块),以满足市场需求为导向,通过知识创新活动将相关的创新参与主体(产业链环节模块)连接起来,以实现知识的经济化过程与(产业)创新系统优化目标的功能链节结构模式。这个结构模式主要揭示了知识、技术在整个过程中的流动、转化和增值效应,也反映了各创新主体(产业链环节模块)在整个过程中的衔接、合作和价值传递关系。

围绕产业链部署创新链,就是要面向中高端环节进行科技攻关,掌握中高端环节的核心和关键技术。处于价值链底部的加工组装环节,一方面要向研发设计环节延伸,提升价值链水平,这包括多种零部件、元器件的加工制造,例如汽车或飞机的发动机、高端半导体芯片、手机智能系统等;另一方面要向销售环节延伸,包括物流、服务等环节,利用"互联网+"提供的跨境电子商务平台进行市场和商业模式创新。

产业链涵盖了产品或服务从原材料供应链到最终用户的完整生命周期。基于产业链部署创新链的核心思想是,通过在产业链的各个环节引入创新,如技术创新、产品创新、市场创新、商业模式创新等,以满足不同环节的需求,实现更高的生产效率、产品质量和市场竞争力。基于产业链部署创新链通常涉及多个创新的核心主体(产业链环节模块),包括供应商、制造商、分销商、合作伙伴等。这些核心主体通过建立合作伙伴关系,共享知识、资源和技术,确保创新链的有效部署,实现共同的创新目标。

4.1.2　产业链与创新链融合机理

基于产业链部署创新链的融合机理包括微观和宏观两个关键维度。微观层面的合作创新着重强调企业在新兴产业链中的关键角色。依据资源依赖理论和资源基础观,产业链核心主体(产业链环节模块)通过知识和技术等独特的资源与能力,以及采取前后向一体化的多元化战略,确保产业链涵盖技术、市场、财务和人力资源等多方面要素。这种融合强调节点均衡,即各个环节的参与者在创新过程中协调合作,推动创新链的构建与运作,避免任何一方的过度依赖。此外,微观融通创新也涉及要素耦合的一般均衡,即技术、市场、财务和人力资源等各要素之间的均衡协同,确保创新链的全面性和可持续性。

宏观层面的合作创新强调环节模块的重要性,主要包括产业链创新网络和全产业链竞争力。合作创新网络是通过企业协同和要素耦合的方式形成的合作创新集聚体。依靠产业链各环节的创新模块开发、技术支持、产品和服务的推陈出新形成创新网络,通过要素耦合实现知识和技术融合,并凝集成创新环境。全产业链竞争力则是宏观合作创新的结果,它包括企业的创新能力和产业链上的溢出效应。通过企业和其集成模块的不断融合和创新,实现产业链整体竞争力和创新能力的提高。

产业链与创新链的耦合机理需要企业在微观和宏观层面上构建创新文化和资源整合能力。通过整合这两个层面的创新,加强与外部合作伙伴之间的紧密联系,以推动创新链的不断演进,提升整个产业链的全面竞争力。这种综合方法的运用将有助于企业在竞争日益激烈的市场中脱颖而出,创造出更具创新力和可持续性的未来,实现可持续的创新链与产业链耦合部署。

4.2 基于矢量协同的产业链与创新链融合组织研究模型

4.2.1 概念界定

融合矢量:在产业链与创新链融合过程中,总存在着带有方向的力量,即融合矢量。本研究所用到的融合矢量有产业链主体发出的创新需求力量、创新链主体发出的技术和知识配合力量,以及它们协同作用产生的融合组织绩效(以下简称融合绩效)。这三个矢量都具有矢量的共性,即起点、终点和方向。

融合矢量的属性:融合矢量的属性包括弹性、柔性和刚性。弹性指融合矢量长度的变化量和范围;柔性指融合矢量方向的变化范围;刚性指融合矢量的长度和方向均不可以变化的特点和范围。这三性统称为融合矢量属性。

融合矢量的协同作用:某一融合矢量与其作用相互配合协作的或产生一致性作用的和共同效应的其他融合矢量之间的关系。这种关系在融合矢量协同模型中表现为两个融合矢量的矢量和运算,本章主要研究需求力量和配合力量的协同作用,而它们协同作用的结果就是产生了融合绩效。因此,可以得到这样一个公式:融合绩效矢量=需求力量矢量+配合力量矢量。

需要注意的是,矢量求和并不是简单的数量加法,其本质在于任何个体都对矢量之和产生自己的作用,矢量之和的特征就是兼顾。所以,融合矢量的协同作用在本章中等价于融合矢量之和。

在产业链与创新链融合活动中有很多的融合矢量,这些矢量有待于进一步开发。表4-1列出了本章中用到的部分融合矢量及其属性,以便更好地理解和分析这些力量在融合过程中的作用和影响。

表4-1 部分融合矢量及其属性表

融合矢量	弹性	柔性	刚性
需求力量	需求程度(需求量、生产能力)	产业链主体的积极性(态度)	融合意识无变化
配合力量	配合程度(知识流量、创新能力)	创新链主体的积极性(态度)	融合意识无变化
融合绩效	融合组织的绩效高低	融合组织的和谐偏好属性	融合组织的绩效水平不变;属性无偏好

4.2.2 基本假设及符号说明

1. 基本假设

假设 1:融合矢量可以用极坐标表示。

由于本章建立了融合矢量这一概念,既然是矢量就一定可以用极坐标来表示,因此,假设 1 必然成立。

假设 2:融合(组织)绩效这一矢量是由需求力量和配合力量基于态度(角度)的矢量和得到的。

融合矢量协同研究属于经济物理学范畴,且本章研究是早期经典力学在经济管理中运用的延续,故从学科属性和理论推演视角来看假设 2 必然成立。

2. 符号说明

X 轴(横轴)——创新链主体发出的配合力量;

Y 轴(纵轴)——产业链主体发出的需求力量;

向量 $\overrightarrow{OA}$、$\overrightarrow{OA_1}$——产业链主体发出的需求力量矢量;

向量 $\overrightarrow{OB}$、$\overrightarrow{OB_1}$——创新链主体发出的配合力量矢量;

向量 $\overrightarrow{OC}$——融合组织绩效矢量,是需求力量 $\overrightarrow{OA}$(或 $\overrightarrow{OA_1}$)与配合力量 $\overrightarrow{OB}$(或 $\overrightarrow{OB_1}$)的矢量和[①];

$|\overrightarrow{OC}|$——融合组织绩效矢量 $\overrightarrow{OC}$ 的大小(模长),即融合组织绩效的高低程度;

α——创新链主体发出的配合力量的柔性,即创新链主体配合积极性的大小,且 $0 \leqslant \alpha \leqslant 45°$;

β——产业链主体发出的需求力量的柔性,即产业链主体需求积极性的大小,且 $0 \leqslant \beta \leqslant 45°$。

Q 和 r——融合组织绩效矢量 $\overrightarrow{OC}$ 的方向偏好,且 $\alpha \neq 0$ 或 $\beta \neq 0$,$Q+r=90°$。若 $Q=r$,融合组织和谐、无偏好;若 $Q>r$ 则融合组织的和谐偏好于需求力量;反之,若 $Q<r$ 则融合组织的和谐偏好于配合力量;但当 $\alpha=\beta=0$ 时,融合组织和谐程度为 0,Q 和 r 无意义,此时融合组织不和谐、无偏好。

4.2.3 矢量协同基模

基于基本假设和符号说明,按照矢量合成的平行四边形定则构建了图 4-1 所

---

① 矢量和的计算采用通用的平行四边形定则。

示的融合矢量协同的基本模型。

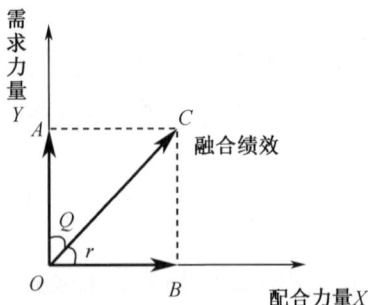

图 4-1　融合矢量协同的基本模型

　　图 4-1 融合矢量协同的基本模型中存在着两类轴融合矢量,即需求力量和配合力量。位于横轴的配合力量向正前方横向发展,其发展越快,矢量的弹性就愈大,说明创新链主体的选择空间就越大,融合组织越分权。而位于纵轴的需求力量是由融合组织的需求层发出的,其弹性代表了需求的程度。

　　在此模型中,并无轴矢量的角度变化问题,可以认为,此时融合的两类主体的柔性均为 0,即产业链主体和创新链主体的积极性为 0。融合组织的需求层对于组织的管理并不用心,只是应付了事,处于一种"不想管但又不得不管"的管理状态。而配合融合的创新链主体的积极性为 0,说明创新链主体从心底里不愿意去接受与产业链融合的任务,但又不得不去做。

　　由两个轴管理矢量相加得到的就是融合绩效矢量,该矢量的弹性表达了融合组织绩效的高低,而柔性则是融合组织的和谐程度。在基本模型中,定义融合组织的和谐程度为 0,因为和谐程度是需求力量的柔性和配合力量的柔性耦合得到的,而二者的柔性均为 0。该类组织基本不和谐,组织中的不同角色只为自身考虑,没有为组织整体做出贡献的意愿。

　　综上所述,融合矢量协同基本模型表现为一种"守株待兔"融合模式。在此模式下,产业链主体和创新链主体缺乏积极性和主动性,只是被动地接受和配合融合任务,导致融合组织的绩效不高且和谐程度为零。这种融合模式需要改变产业链主体和创新链主体的态度和行为,激发他们的积极性和主动性,以实现更高水平的融合和协同。

4.2.4　矢量协同改进模型

　　在融合矢量协同基本模型(图 4-1)的基础上,本章进一步按照矢量合成的平行四边形定则构建了图 4-2 所示的融合矢量协同改进模型。

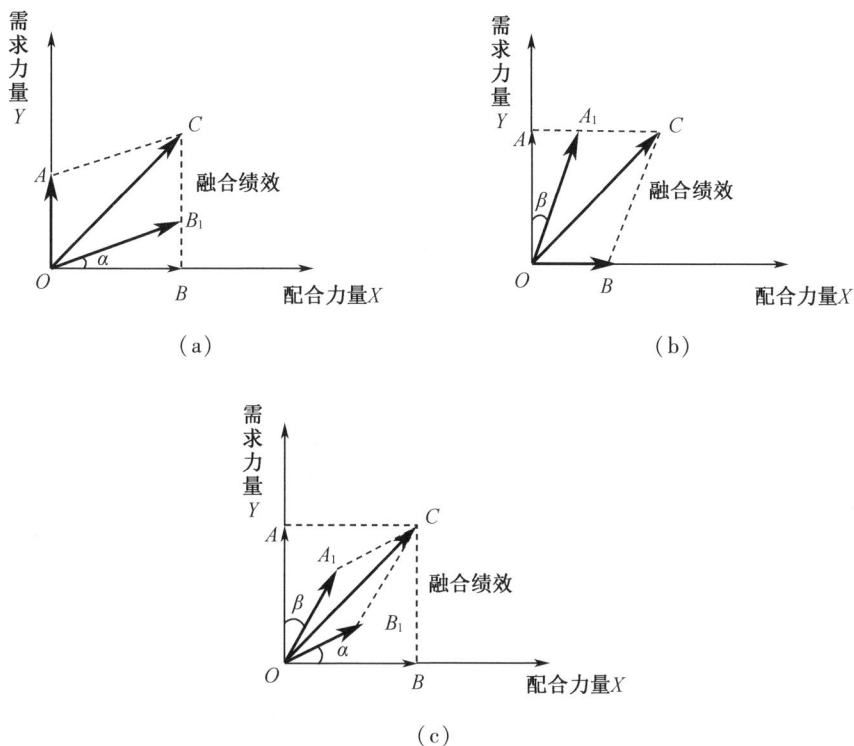

（a）

（b）

（c）

图 4-2　融合矢量协同改进模型

图 4-2（a）是第一种改进的模型,是第二种融合的协同模式。这一模型中配合力量的柔性不再是 0,大小为 α,说明创新链主体的配合积极性有所提高。而需求层的积极性仍然为 0,对组织仍不关心。这导致在同一融合绩效下,创新链主体的配合工作量加大,而产业链主体的需求工作量却减少很多。造成这种现象的原因,就是创新链主体本身愿意多付出劳动,以换取产业链主体的好感,获得晋升的机会。这个模型本身又可以分解到基本模型上,$\overrightarrow{OB_1}$ 可以分解为 $\overrightarrow{OB}$ 和 Y 轴上一个新的融合力量,这个新的融合力量和图 4-2（a）中 $\overrightarrow{OA}$ 的矢量和就是图 4-1 中的 $\overrightarrow{OA}$。这个新的融合力量可以认为是在融合活动中,创新链主体作为融合主体时的融合力量,因为产业链与创新链融合的双主体地位的界限是相对的。所以改进模型的配合力量最终仍将归于基本模型,而新增加的需求力量,既是原创新链主体所发出的配合力量,也是原产业链主体所省去的需求力量。产业链与创新链融合的一部分“需求”来自创新链主体。图 4-2（a）融合矢量协同改进模型表现为一种

"科技推动"融合模式。

图4-2(b)是第二种改进模型,是第三种融合的协同模式。其分析过程和改进模型1(表4-2)大体相同,此时融合组织的产业链主体不再无所事事,也不再对组织漠不关心,而是主动为组织的发展做出努力,其积极性大小为β。β越大,说明产业链主体协同的积极性越高,同时产业链主体的需求量也在逐渐加大,而对于配合积极性为0的创新链主体而言,知识流量却在不断地减少。这样的融合组织是失败的,产业链主体的积极工作没有带动提高创新链主体的工作积极性。这样的协同模式应该提高创新链主体的积极性,创新链主体就会愿意去共享更多的知识,也可以为产业链主体分担一些"需求"识别工作。综上所述,本章认为图4-2(b)融合矢量协同改进模型表现为一种"产业拉动"融合模式。

图4-2(c)是第三种改进模型,是第四种融合的协同模式。在提高了产业链主体和创新链主体的柔性,融合绩效不变的前提下,得到了该模型。此时产业链主体与创新链主体的积极性大小分别为β和α,且需求力量和配合力量的弹性有所减小(大多数情况为减小,也有增大的可能,但可能性较小),产业链主体和创新链主体融合过程中的相对力量都在减少,但整体效果很好。这种融合的协同模式是比较理想的,产业链主体和创新链主体看似工作减少了,实际是它们彼此分担了部分工作。产业链主体可以为融合组织提供一部分技术知识,也可以为融合组织提供一部分需求信息。

4.2.5　矢量协同模式对比与演化分析

通过分析,本章得到了5种融合矢量协同模型及其对应的融合模式,并找到其缺陷,提出了改进方案,具体如表4-2所示。

表4-2　融合矢量协同模式对比分析

模型名称	模式命名	缺陷	改进方案
基本模型	守株待兔	产业链主体和创新链主体积极性低	提高二者积极性
改进模型1	科技推动	产业链主体积极性低	提高产业链主体积极性
改进模型2	产业拉动	创新链主体积极性低	提高创新链主体积极性
改进模型3	优化组合	组合数量多	资源约束下寻优
最优模型	最优协同	利他主义的理想化	—

表4-2给出了融合矢量协同的5种典型模式,明晰了融合矢量协同的基本作

用机制。同时,融合组织在不同发展阶段表现出多元的融合矢量协同模式。

(1)融合组织形成期

在这一时期,产业链主体和创新链主体都展现出较高的积极性,但由于交易成本的影响,态度的柔性作用受到制约。同时,联盟双方对于新的合作项目尚不熟悉,导致融合力量(参与能力)均处于较低水平,从而形成较低的融合组织绩效。此时,融合组织处于优化组合管理矢量协同模式下,但某些融合组织在运行过程中,产业链主体和创新链主体因第三方的委派而捆绑合作。在开始合作时,二者都会选择"矜持"策略,即不主动与对方合作。这种情况下,"守株待兔"模式会主导融合组织。

在融合组织形成期,产业链主体和创新链主体的矢量协同涌现出优化组合和"守株待兔"两条分支路径。然而,大多数产业链主体和创新链主体都会积极探寻深度耦合、有机交互的"互惠"式协作路径,以期快速提升融合组织绩效。同时,为了预防融合力量的相对不足,产业链主体和创新链主体应坚持树立"提升能力、保持态度"的融合意识。

(2)融合组织发展期

随着融合组织规模的扩张和交易成本的降低,融合组织在成长过程中进入发展期。在这一时期,产业链主体和创新链主体仍然保持较高的积极性,并突破了交易成本对态度柔性作用的约束。联盟双方对新融合业务也变得更加熟悉,融合力量(参与能力)逐渐提高。在形成期优化组合融合矢量协同模式的基础上,寻找最优矢量协同模式,形成较高的融合组织绩效。此时,优化组合模式仍然主导融合组织。然而,在某些融合组织的运行过程中,创新链主体由于经历形成期的低组织绩效、高交易成本或知识编码失败等情况,可能会选择"中庸"策略,即坚持履行合约但不愿意配合。此时,"产业拉动"模式会主导融合组织。

在融合组织发展期,产业链主体和创新链主体的矢量协同涌现出优化组合和产业拉动两条分支路径。产业链主体需要预防创新链主体态度的负向转变,并采取有效的激励措施,以保持合作的高效性。

(3)融合组织成熟期

随着融合组织规模的"减员增效"和高交易效率,融合组织进入稳定的成熟期。在这一时期,产业链主体和创新链主体由于积累了较高的社会资本,联盟双方形成了共同价值观和共性语言(行业语言),知识编码效率高,因此二者保持极高的积极性,态度的柔性作用得到充分发挥。新融合业务已经成为联盟双方熟悉的"老业务",融合力量(参与能力)相对较高。在成长期优化组合融合矢量协同模式的基础上,寻找最优矢量协同模式,形成最高的融合组织绩效。此时,"近似"的最优协同模式主导融合组织。

在融合组织成熟期，产业链主体和创新链主体的矢量协同也涌现出最优协同和科技推动两条分支路径。产业链主体需要警惕自身态度的负向转变，采取有效的自我监督措施，以防止合作高风险的发生。

本 章 小 结

本章从一个全新的视角去理解产业链主体与创新链主体的融合协同，测度了矢量协同视角下融合能力、态度与绩效间的非线性关系演化态势。本书引入矢量运算中的矢量和模型作为融合组织绩效测量工具，为融合组织绩效和协同创新提供了新思路和新方法。通过研究，本书得到如下结论：

（1）总结以往学者将矢量应用于社会科学的研究内容，本书抽象出融合矢量这一基本概念，并定义柔性、弹性、刚性为融合矢量的基本属性。同时，本书将数理科学矢量合成法则中的矢量和界定为融合矢量的协同作用。

（2）本书主要以需求力量、配合力量及融合绩效三个矢量为基础，建立了融合矢量协同的基本模型。其中，需求力量和配合力量作为轴融合矢量，而融合绩效是由二者的矢量和运算得到的。然后，本书拓展了这一模型，建立了4种改进协同模型，得到了5种融合矢量协同模式，即守株待兔、科技推动、产业拉动、优化组合及最优协同。最后，本书对这5种融合模式进行了分析，指出了它们的缺陷，并提出了改进方案。

（3）本书发现新成立的融合组织处于一种优化组合的融合矢量协同模式下，而运营相对稳定的融合组织则处于优化组合或科技推动的融合矢量协同模式下。融合组织在形成期、发展期和成熟期表现出多元的融合矢量协同模式。

战略性新兴产业合作网络篇

第5章 物流仓储装备业合作网络

5.1 物流仓储装备创新网络演化

5.1.1 物流仓储装备制造创新网络及其演化

Freeman(1991)首次提出了创新网络的概念,认为企业间的创新合作关系是创新网络架构的主要联结机制,它是为了系统性创新而设计的一种基本制度。随着创新网络的研究范式愈加丰富,出现了基于不同边界特征的企业创新网络、区域创新网络、产业创新网络等网络形式,不同形式的创新网络结构、特性和功能迥异。

物流仓储装备制造创新网络属于物流仓储装备制造产业边界约束下的创新网络范畴。同时,产业创新网络具有复杂网络的小世界、无标度等结构主义和择优、扩散等连接主义典型特征。

因此,本章界定物流仓储装备制造创新网络是一个物流仓储装备制造产业组织边界内包含(上、下游企业、大学等)多主体、(产品供给、技术创新、战略联盟等)多合作关系的复杂动态系统,具有复杂网络拓扑结构特征和资源整合功能。

此外,国内外学者关于产业创新网络演化的研究主要集中于演化机理、模型和功能等方面,借助自组织、共生等理论揭示产业创新网络形成和循环机理,构建网络演化的拓扑结构和生命周期模型,利用实证和案例研究剖析网络治理机制和模式。

综上所述,物流仓储装备制造创新网络的演化是从网络视角对物流仓储装备制造业创新演化的透视,运用复杂网络演化理论揭示物流仓储装备制造创新网络随时间(生命周期)递进而产生空间(拓扑结构)扩散的过程,有利于明晰物流仓储装备制造创新网络的治理机制。

5.1.2 物流仓储装备制造创新网络演化与物流业发展的协同机理

物流业发展是一个产业规模增长和降本增效的动态过程。前者指的是,随着关联产业承载实体的倍增,物流业作为联通物资流动各环节的产业,呈现规模增长态势。降本增效则是从物流占商品(承载实体)成本比例的视角出发,考察在产业规模增长的态势下,物流业成本效率的变化趋势。因此,物流业可以被视为一个在产业(规模)增长和成本效率双重约束下的复合动态系统,其发展表征为随系统进化的状态转移。

同样地,物流仓储装备制造创新网络演化也是一个基于网络视角透视创新演化的过程。这个过程揭示了创新网络复杂系统在规模扩张、资源流动和资本积累方面的进化状态转移。物流业的规模增长离不开微观物流仓储企业的数量和规模,而企业又是物流仓储装备制造的创新主体,是创新网络规模扩张、资源流动和资本积累的节点(信息)载体。

同时,物流仓储装备制造创新主体间的协作推动了技术升级。新装备(如人工智能)缩短了单个物流企业存储环节的劳动耗费时间,进而随技术扩散和溢出,缩短了物流业整体的社会必要劳动时间,推动物流业整体的降本增效。

物流业发展和物流仓储装备制造创新网络演化这两个动态系统之间存在协同机理。具体来说,这种协同机理可以通过图 5-1 来表示。图 5-1 展示了两个系统之间的相互作用和关系。在这个图中,我们可以看到物流业发展和物流仓储装备制造创新网络演化是相互关联、相互影响的。

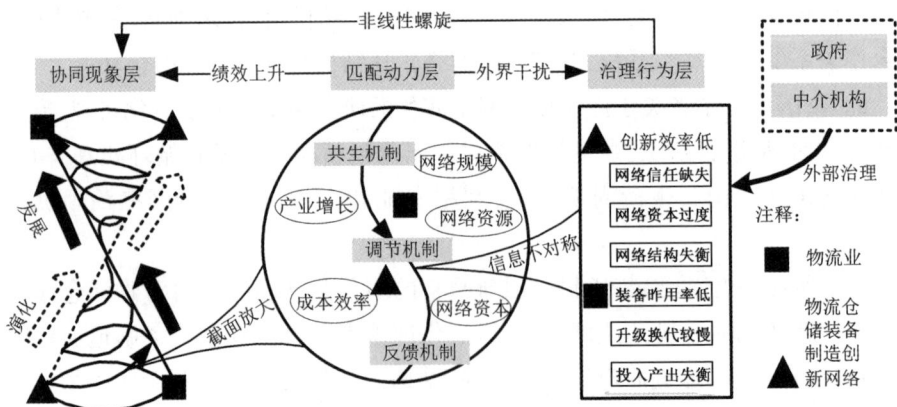

图 5-1 物流仓储装备制造创新网络演化与物流业发展的"双螺旋"协同过程

一方面,物流业的规模增长和降本增效受到物流仓储装备制造创新网络演化的影响。创新网络的规模扩张、资源流动和资本积累等过程可以促进物流业的发展。例如,随着创新网络中节点(企业)数量的增加,物流业可以获得更多的合作伙伴和资源,从而实现更高效的物流服务。同时,新装备的应用可以缩短物流业的劳动时间,提高效率,进一步推动物流业的降本增效。

另一方面,物流仓储装备制造创新网络演化也受到物流业发展的影响。物流业的发展为创新网络提供了更多的市场需求和机会。随着物流业的发展,对于更高效、更省时的物流服务的需求也在不断增加,这也就为物流仓储装备制造创新网络提供了更多的创新机会和发展空间。同时,物流业的发展也为创新网络提供了更多的资源和合作伙伴,有利于创新网络的扩张和演化。

总的来说,物流业发展和物流仓储装备制造创新网络演化之间存在密切的协同作用。通过相互影响和相互作用,这两个系统可以实现共同发展和演化。

物流业与物流仓储装备制造业创新网络作为两个共生单元,首先在"需求信息-知识资源"互补共生界面上建立创新合作共生关系。物流业发展的产业增长、成本效率质参量与物流仓储装备制造创新网络演化的网络规模、网络资源和网络资本质参量之间,产生了交叉效应,表现为(产业规模和网络规模)规模同步增长、(生产资源和创新资源)资源互补聚集、(产业相关的有形资本和网络关系等无形资本)资本协调积累等多组质参量兼容现象,形成了物流仓储装备制造创新网络演化与物流业发展协同动力的双边匹配共生机制。这一机制是协同过程的基础。

在共生机制的导向下,物流业的微观企业利用合作创新升级仓储装备,以提高存储效率,并通过企业间的技术扩散和知识溢出推动了物流仓储装备制造业的升级。可见,微观企业主体成为实现物流仓储装备制造创新网络演化与物流业发展系统协同倍增的调节变量。企业越积极参与创新网络,越有利于开展技术合作和扩散,装备升级和降本增效越容易实现。物流企业的调节作用形成了创新网络演化和物流业发展两个宏观变量协同的微观调节机制。

此外,物流仓储装备制造创新网络演化与物流业发展之间还存在反馈机制。例如,物流业急需利用仓储装备技术创新来扩大规模、降本增效,而物流企业则为了解决"共性"技术研发难题而组建和推进创新网络演化。在这个过程中,网络演化则进一步利用节点企业的资源集聚和资本积累等路径来扩大物流业的规模,降低其成本占比。这种反馈机制进一步强化了两个系统之间的协同关系。

但在"1+1>2"过程中,协同双方的发展目标、资源配置等都存在信息不对称。受此影响,物流仓储装备制造创新网络因信任缺失、资本积累过度、结构失衡等干扰因素而产生低效率创新行为,物流业也因装备升级换代较慢、投入产出失衡等因素而产生低效装备利用行为。这些行为阻碍了协同系统的线性叠加,催生了系统绩效耦合的非线性变化。同时,政府和中介机构致力于降低物流业和物流仓储装备制造创新网络的信息不对称,积极开展提升二者协同(创新、装备利用)效率的外部治理行为,降低了非线性变化的随机影响。

5.2 物流仓储装备创新网络演化与物流业发展协调度

5.2.1 物流仓储装备制造创新网络演化模型

网络拓扑结构是创新网络骨架,学者们普遍认为网络规模、密度、中心度、结构洞、平均距离等网络特征是测度网络拓扑结构的计量指标。在此基础上,构建如表5-1 所示的物流仓储装备制造创新网络拓扑结构测度指标体系,据此揭示网络演化态势。

表 5-1　物流仓储装备制造创新网络演化测度指标体系

一级指标	二级指标及测度公式
网络规模 扩张	节点数　$N = \text{sum}(\tilde{N})$ 且 $\tilde{N}$ 为 G 的点集
	边数　$V = \text{sum}(E)$ 且 E 为 G 的边集
	密度　$\sigma = 2V/(N*(N-1))$
网络资源 流动	中心度　$ZXD = \dfrac{\sum\limits_v (C_{B\max}(v) - C_B(v))}{NU^3 - 4NU^2 + 5NU - 2}$ $C_B(v)$ 是点的相对中间中心度
	结构洞　$JGD = \sum\limits_i (S_i^2 / \sum S_i)$ S_i 是点 i 的伯特结构洞指数中的有效规模
网络资本 积累	平均距离　$PJJL = \text{sum}(d_{e_{ij}})/\text{sum}(E)$ $d_{e_{ij}} = \text{dist}(s,t)$ 是节点途径长度最短者
	聚类系数　$JLXS = \dfrac{1}{N}\sum\limits_{i=1}^{N}(E_i / C_2^{k_i})$ k_i 是节点 i 的邻居节点数,E_i 是 k_i 之间实际存在的边数,$C_2^{k_i}$ 是总的可能的边数

5.2.2　物流仓储装备制造创新网络演化与物流业发展的协调度模型

（1）复合系统协调度、投影寻踪与范数灰关联度的引入

复合系统协调度（CDOCS）模型是从演化视角测度多个关联系统协调一致程度的有效工具。然而，现有的 CDOCS 模型仅建立在双层系统——子系统和子子系统框架基础之上，对于子子系统再细分的集成研究则相对不足。物流仓储装备制造创新网络演化与物流业发展作为两个子系统，其一级指标体系是子子系统，二级指标体系则是子子系统的再细分。因此，为有效表征本研究的协调复杂性，本章构建了"物流仓储装备制造创新网络演化-物流业发展"两方、"子系统-子子系统-子子系统的再细分系统"三层复合系统结构。

此外，现有的 CDOCS 模型仅考虑子子系统间"无差异"的非线性（几何平均算法）作用，认为各子子系统在交互作用时地位是一致的，对彼此的影响是同等的，不用考虑各子子系统相对于子系统整体的"加权"情况。然而，任何一个（子）系统的（子）子系统基于整体的地位、作用、职能等都不相同。因此，给子子系统赋予一定的权重是必要的。那么，如何给子子系统赋权呢？成为本章模型构建的首个关键问题。研究发现，产业发展的时序数据相对较短，因此采用灰色系统理论赋权更为合理。范数灰关联度（GCOTN）是灰色系统理论中较为经典的权重赋值方法，是在灰关联度的基础上利用近距和远距确定权重。本章将分别以物流仓储装备制造创新网络演化与物流业发展两个子系统为整体对象，运用范数灰关联度分别计算每个子系统下子子系统的加权值。

然而，范数灰关联度的参考序列和比较序列都是一维行向量，而本章子子系统的再细分都是多维的。于是，如何有效地集成本研究子子系统（二级指标）的再细分？成为模型构建的第二个关键问题。投影寻踪（PP）模型是一种有效的数据降维方法，通过极大化数据聚类程度指标寻找最优投影——多指标集成值，并被诸多学者应用于产业演化研究领域，实践证明其科学性。鉴于此，本章应用投影寻踪模型集成本研究子子系统（二级指标）的再细分。

综上所述，传统的复合系统协调度模型不再适用于测量物流仓储装备制造创新网络演化与物流业发展的系统协调度，需要构建体现子子系统"加权"非线性交互的"两方-三层"改进复合系统协调度模型。

（2）物流业发展测度指标

物流业发展是一个既考虑（本体）产业规模增长，又考虑（关联）产业降本增效的复合系统。在已有研究成果的基础上，本章构建表 5-2 所示的物流业发展测度指标体系。

表5-2　物流业发展测度指标体系

一级指标		二级指标
物流业发展测度	产业增长	社会物流总费用:保管(万亿元)
		社会物流总额(万亿元)
	成本效率	单位价值商品的物流保管费用占比(%)
		全社会物流总费用占GDP比重(%)

注释:单位价值商品的物流保管费用占比(%)是社会物流总费用(保管)与社会物流总额的比值。

5.2.3　PP-GCOTN-CDOCS 模型的构建

考虑物流仓储装备制造创新网络演化与物流业发展协同系统 $S=\{S_1,S_2\}$,S_1、S_2 分别表示物流仓储装备制造创新网络演化子系统和物流业发展子系统,且 $S_1=\{S_{11},S_{12},S_{13}\}$,即 S_1 由 S_{11}、S_{12}、S_{13} 子子系统组成,S_{11}、S_{12}、S_{13} 分别表示网络规模扩张子子系统、网络资源流动子子系统、网络资本积累子子系统。而每个子子系统又可分为若干子子系统的再细分系统,即 $S_{11}=\{S_{11}^1,S_{11}^2,S_{11}^3\}$、$S_{12}=\{S_{12}^1,S_{12}^2\}$、$S_{13}=\{S_{13}^1,S_{13}^2\}$,$S_{11}^1$、$S_{11}^2$、$S_{11}^3$、$S_{12}^1$、$S_{12}^2$、$S_{13}^1$、$S_{13}^2$ 分别表示节点数、边数、密度、结构洞、中心度、平均距离和聚类系数;同理,$S_2=\{S_{21},S_{22}\}$,S_{21}、S_{22} 分别表示产业增长子子系统、成本效率子子系统,且 $S_{21}=\{S_{21}^1,S_{21}^2\}$、$S_{22}=\{S_{22}^1,S_{22}^2\}$。

(1)子子系统多维测度的 PP 投影

设 $X=[X_1,X_2,\cdots,X_t]^T$ 为子子系统演化(发展)的 t 年指标向量转置矩阵,其中 $X_\varphi=(x_\varphi(1),x_\varphi(2),\cdots,x_\varphi(n))^T$ 为第 φ 年子子系统演化(发展)的 n 维原始测度(二级)指标体系,即子子系统的再细分。首先,对 X_φ 进行归一化和标准化的无量纲处理:当 $x_\varphi(j)$ 为正向指标时,归一化数值 $x'_\varphi(j)=(x_\varphi(j)-x_{min}(j))/(x_{max}(j)-x_{min}(j))$,而当 $x_\varphi(j)$ 为负向指标时,归一化数值 $x'_\varphi(j)=(x_{max}(j)-x_\varphi(j))/(x_{max}(j)-x_{min}(j))$。对于得到的归一化数值 $x'_\varphi(j)$,利用公式1确定第 φ 年子子系统演化(发展)的标准化矩阵 X''_φ:

$$x''_\varphi(j)=\frac{x'_\varphi(j)-\bar{x}'(j)}{S_{x'(j)}},\text{且 }\bar{x}'(j)=\frac{1}{t}\sum_{\varphi=1}^t x_\varphi(j),S_{x'(j)}=\sqrt{\frac{1}{t}\sum_{\varphi=1}^t(x'(j)-\bar{x}'(j))^2}$$

(公式1)

令 $a=(a(1),a(2),\cdots,a(n))$ 为 n 维单位向量,则 X_φ 在 a 方向上的一维投影值为:

$$z(\varphi) = \sum_{j=1}^{n} a(j) x''_{\varphi}(j) \qquad \text{(公式 2)}$$

对于拟定的一维投影数值 $z(\varphi)(\varphi=1,2,\cdots,t)$，利用公式 3 确定子子系统演化(发展)的局部密度 D_z。

$$D_z = \sum_{p=1}^{t} \sum_{q=1}^{t} (0.1S_z - |z(p) - z(q)|) f(0.1S_z - |z(p) - z(q)|)$$

$$\text{(公式 3)}$$

其中 $\bar{z} = \dfrac{1}{t} \sum_{\varphi=1}^{t} z(\varphi)$、$S_z = \sqrt{\dfrac{1}{t} \sum_{\varphi=1}^{t} (z(\varphi) - \bar{z})^2}$，且 $f(*)$ 为判断函数，当 $* \geqslant 0$ 时 $f(*)=1$；反之，当 $*<0$ 时 $f(*)=0$。然后，构建寻找最优投影方向的目标函数 $Q(z)$ 及约束条件 s.t.：

$$\max \quad Q(z) = S_z D_z$$

$$\text{s.t.} \quad \sum_{j=1}^{n} a^2(j) = 1 \qquad \text{(公式 4)}$$

最后，运用加速遗传算法(RAGA)求解公式 4，确定子子系统演化(发展)的最优投影方向 $a^* = (a^*(1), a^*(2), \cdots, a^*(n))$ 及第 φ 年的一维投影最优值 $z^*(\varphi)$ $(\varphi=1,2,\cdots,t)$。

(2)子子系统的 GCOTN 权重赋值

设 $z_k^*(\varphi)$，$\varphi=1,2,\cdots,t$，$k=1,2,3,4,5$ 为子子系统 S_{11}、S_{12}、S_{13}、S_{21}、S_{22} 的一维投影最优值；$\tilde{z}_i(\varphi)$，$\varphi=1,2,\cdots,t$，$i=1,2$ 为子系统 S_1、S_2 基于各自子子系统的再细分而得到的一维投影最优值。分别计算以 $\tilde{z}_1(\varphi)$ 和 $\tilde{z}_2(\varphi)$ 为参考序列，以 $z_1^*(\varphi)$、$z_2^*(\varphi)$、$z_3^*(\varphi)$ 和 $z_4^*(\varphi)$、$z_5^*(\varphi)$ 为比较序列的灰色关联系数 $r_{11}(\varphi)$、$r_{12}(\varphi)$、$r_{13}(\varphi)$ 和 $r_{24}(\varphi)$、$r_{25}(\varphi)$。在此基础上，按照公式 5 列出关联系数理想序列 η_{ik}^+ 与负理想序列 η_{ik}^-。

$$\eta_{ik}^+ = \{ \max_{\varphi} r_{ik}(\varphi) \mid \varphi=1,2,\cdots,t \}$$

$$\eta_{ik}^- = \{ \min_{\varphi} r_{ik}(\varphi) \mid \varphi=1,2,\cdots,t \} \qquad \text{(公式 5)}$$

然后，采用 2-范数方法利用(公式 6)计算比较序列的近距 $\| \eta_{ik} \|_2^+$ 和远距 $\| \eta_{ik} \|_2^-$。

$$\| \eta_{ik} \|_2^+ = \left\{ \sum_{\varphi=1}^{t} [\eta_{ik}(\varphi) - \eta_{ik}^+]^2 \right\}^{1/2}$$

$$\| \eta_{ik} \|_2^- = \left\{ \sum_{\varphi=1}^{t} [\eta_{ik}(\varphi) - \eta_{ik}^-]^2 \right\}^{1/2} \qquad \text{(公式 6)}$$

于是，比较序列的范数灰关联度为：

$$\varepsilon_{ik} = \frac{\parallel \eta_{ik} \parallel_2^-}{\parallel \eta_{ik} \parallel_2^+ + \parallel \eta_{ik} \parallel_2^-}, \quad i = 1,2; k = 1,\cdots,5 \qquad （公式7）$$

最后，分别隶属于子系统 S_1 和 S_2 的子子系统 S_{11}、S_{12}、S_{13} 和 S_{21}、S_{22} 的归一化权重为：

$$w_{1k} = \frac{\varepsilon_{1k}}{\sum\limits_{k=1}^{3} \varepsilon_{1k}}, \quad k = 1,2,3$$

$$w_{2k} = \frac{\varepsilon_{2k}}{\sum\limits_{k=4}^{5} \varepsilon_{2k}}, \quad k = 4,5 \qquad （公式8）$$

（3）基于 PP-GCOTN 改进 CDOCS 协调度模型

设子子系统 $S_{11} = \{S_{11}^1, S_{11}^2, S_{11}^3\}$、$S_{12} = \{S_{12}^1, S_{12}^2\}$、$S_{13} = \{S_{13}^1, S_{13}^2\}$、$S_{21} = \{S_{21}^1, S_{21}^2\}$、$S_{22} = \{S_{22}^1, S_{22}^2\}$ 发展过程中的序参量变量为 $e_{11} = \{e_{11}^1, e_{11}^2, e_{11}^3\}$、$e_{12} = \{e_{12}^1, e_{12}^2\}$、$e_{13} = \{e_{13}^1, e_{13}^2\}$、$e_{21} = \{e_{21}^1, e_{21}^2\}$、$e_{22} = \{e_{22}^1, e_{22}^2\}$，每个向量分量与子子系统的再细分一一对应，且除 e_{13}^1 的取值与子子系统的有序度负相关外，其他分量的取值都与子子系统的有序度正相关。于是，子系统 S_j 序参量 e_j 的分量 e_{ji} 的再细分 e_{ji}^q 有序度 $u_{ji}(e_{ji}^q)$（子子系统再细分的序参量有序度）为：

$$u_{ji}(e_{ji}^q) = \begin{cases} \dfrac{e_{ji}^q - e^q\min_{ji}}{e^q\max_{ji} - e^q\min_{ji}} & i = 1,2,3,4, j = 1,2, q = 1,2,3 \\[3mm] \dfrac{e^q\max_{ji} - e_{ji}^q}{e^q\max_{ji} - e^q\min_{ji}} & i = 3, j = 1, q = 1 \end{cases} \qquad （公式9）$$

（公式9）中 $e^q\max_{ji}$、$e^q\min_{ji}$ 分别是考察期内（纵向的时间序列）子子系统 S_{ji} 在分量 e_{ji}^q 的最大值和最小值，且 $u_{ji}(e_{ji}^q) \in [0,1]$，其值越大，$e_{ji}^q$ 对子系统 S_{ji} 有序的作用越大。据此，子子系统 S_{ji} 序参量 e_{ji} 的有序度 $u_{ji}(e_{ji})$ 为：

$$u_{ji}(e_{ji}) = \begin{cases} \sqrt[3]{\prod\limits_{q=1}^{3} u_{ji}(e_{ji}^q)} & j = 1, i = 1 \\[3mm] \sqrt[2]{\prod\limits_{q=1}^{2} u_{ji}(e_{ji}^q)} & j = 1, i = 2 \text{ or } 3 \\[3mm] \sqrt[2]{\prod\limits_{q=1}^{2} u_{ji}(e_{ji}^q)} & j = 2, i = 1 \text{ or } 2 \end{cases} \qquad （公式10）$$

由（公式10）可知，$u_{ji}(e_{ji}) \in [0,1]$，其值越大，子子系统 S_{ji} 的有序度越高。引入子子系统的 GCOTN 权重赋值后，修正后的子子系统 S_{ji} 序参量 e_{ji} 的有序度为 w_{ji}

$\cdot u_{ji}(e_{ji})$。其中，$\{w_{ji}|j=1,i=1,2,3\} = \{w_{jk}|j=1,k=1,2,3\}$，$\{w_{ji}|j=2,i=1,2\} = \{w_{jk}|j=1,k=4,5\}$。

于是，子系统 S_j 序参量 e_j 的有序度 $u_j(e_j)$ 为：

$$u_j(e_j) = \begin{cases} \sqrt[3]{\prod_{i=1}^{3} w_{ji} u_{ji}(e_{ji})} & j=1 \\ \sqrt[2]{\prod_{i=1}^{2} w_{ji} u_{ji}(e_{ji})} & j=2 \end{cases} \qquad (公式11)$$

假设在考察期的初始时刻 t_0，子系统 S_j 的有序度为 $u_j^0(e_j)$，而当系统 S 发展演化到时刻 t_1，子系统 S_j 的有序度为 $u_j^1(e_j)$，则复合系统协调度为：

$$C = \theta^2 \sqrt{\left| \prod_{j=1}^{2} \left[u_j^1(e_j) - u_j^0(e_j) \right] \right|} \qquad (公式12)$$

（公式12）中 $\theta = \dfrac{\min\limits_{j=1,2}\left[u_j^1(e_j) - u_j^0(e_j) \right]}{\left| \min\limits_{j=1,2}\left[u_j^1(e_j) - u_j^0(e_j) \right] \right|}$，且 $C \in [-1,1]$，其取值越大，系统 S 的协调发展程度越高，反之则越低。

5.3　实证研究

5.3.1　数据整理与计算过程

（1）数据整理

物流仓储装备制造业是新兴的技术密集型产业，具有较高的创新程度。专利是技术创新的成果，而联合发明专利则能有效地反映出创新主体之间的合作关系。基于联合发明专利的合作网络能够直观地展示出产业创新系统的关联结构。因此，本章以物流仓储装备制造业的联合发明专利数据为原始资料，整理出物流仓储装备制造业创新主体之间的关联矩阵，进而绘制出物流仓储装备制造业创新网络，并获取其演化指标数据。

首先，以国家知识产权局重点产业专利数据库中"物流产业"下的"库存（仓储、保管）技术"专栏为基础数据库。检索的时间范围为 2011 年至 2017 年，申请人设定为"公司""厂""大学""研究所""学院"。通过交叉检索，我们获得了物流仓储装备制造业的联合发明专利数据。

然后，使用 UCINET 软件绘制了 2011 年至 2017 年的物流仓储装备制造业创新网络。该网络是基于物流仓储装备制造业创新主体之间的关联矩阵构建的。接着,我们基于表5-1所示的公式,计算得到了表5-3所示的网络演化测度指标数值。

同时,我们还利用《中国统计年鉴》以及同花顺数据库检索并基于表5-2的注释内容,计算得到了表5-3所示的物流业发展测度指标数值。这些指标包括:货运量、货运周转量、仓储业务收入等。这些指标可以反映物流业的发展状况,对于理解物流仓储装备制造业的创新网络演化具有重要的参考价值。

通过上述步骤,我们成功地获取了物流仓储装备制造业创新网络的演化指标数据以及物流业的发展测度指标数值。这些数据为我们进一步分析物流仓储装备制造业创新网络的演化规律以及物流业的发展趋势提供了重要的支持。

(2)计算过程

基于表5-3所示的统计数据和公式1~4,运用MATLAB7.0计算得到物流仓储装备制造创新网络演化子系统、网络规模子系统、网络资源子系统、网络资本子系统、物流业发展子系统、产业增长子子系统、成本效率子子系统的投影(平均)值,具体见表5-4。

基于表5-4的投影值,以物流仓储装备制造创新网络演化为参考序列,网络规模、网络资源和网络资本为比较序列,计算三组灰关联系数;以物流业发展为参考序列,产业增长和成本效率为比较序列,计算二组灰关联系数。在此基础上,运用本章公式5~8计算网络规模、网络资源、网络资本和产业增长、成本效率的范数灰关联度和权重系数,具体结果见表5-5。

基于表5-5和本章公式9,确定表5-6所示的子子系统的细分系统序参量有序度。

基于表5-6和本章公式10,确定表5-7所示的子子系统序参量有序度。

根据表5-5得到的子子系统权重赋值,利用本章公式11计算得到表5-8所示的子子系统序参量加权有序度。

在表5-8基础上,进一步得到修正后的子系统序参量有序度,并利用本章公式12计算得到最终的复合系统协调度(表5-9)。

表 5-3 统计数据

年份	物流仓储装备制造创新网络演化							产业增长		物流业发展	成本效率
	网络规模			网络资源		网络资本					
	节点数	边数	密度	中心度(%)	结构洞	平均距离	聚类系数	社会物流总费用:保管(万亿元)	社会物流总额(万亿元)	单位价值商品的物流保管费用占比(%)	全社会物流总费用占GDP比重(%)
2011	133	97	0.018	0.810	1.886	1.522	0.594	2.9	158.4	1.831	17.81
2012	212	167	0.013	2.420	4.626	1.894	0.306	3.3	177.3	1.861	18.10
2013	256	251	0.014	7.380	13.685	1.907	0.240	3.6	197.8	1.820	17.93
2014	317	379	0.015	10.660	20.005	2.096	0.321	3.7	213.5	1.733	16.6
2015	341	341	0.012	7.160	17.437	1.987	0.161	3.7	219.2	1.688	16
2016	426	377	0.008	5.960	18.288	2.006	0.110	3.7	229.7	1.611	14.9
2017	535	514	0.006	6.190	17.741	2.308	0.165	3.9	252.8	1.543	14.6

表 5-4 投影值

年份（投影值）	物流仓储装备制造创新网络演化	网络规模	网络资源	网络资本	物流业发展	产业增长	成本效率
2011	0.222 8	0.008 59	0	1.392	0.116 46	0	0.125 3
2012	0.444 6	0.261 23	0.216 8	0.633 3	0.116 46	0.438 6	0
2013	1.107 9	0.463 51	0.901 5	0.511 9	0.341 88	0.808 7	0.125 3
2014	1.682 58	0.758 77	1.363 3	0.511 9	0.843 58	0.989 8	0.587 7
2015	1.375 61	0.756 94	0.984 3	0.319 8	1.071	1.026 9	0.809 1
2016	1.437 51	0.978 36	0.901 5	0.219 5	1.477 11	1.095 3	1.202 8
2017	1.681 13	1.383 28	0.906 9	0.093 3	1.779 29	1.403 5	1.414 2

注释：考虑优化随机性的影响，表中数据均为 10 次运算后得到的均值，具体的单次运算结果见附录。

表 5-5 子子系统权重赋值

年份	灰关联系数							近距	远距	范数灰关联度	权重系数
	2011	2012	2013	2014	2015	2016	2017				
物流仓储装备制造创新网络演化 第一组（网络规模）	1	0.729 788	0.610 385	0.487 19	0.483 614	0.416 663	0.333 333	1.240 632 869	0.855 324 214	0.408 082 885	0.359 327 944
第二组（网络资源）	1	0.758 702	0.430 566	0.333 333	0.409 168	0.430 57	0.429 109	1.351 360 132	0.811 921 766	0.375 319 447	0.330 478 856
第三组（网络资本）	1	0.708 216	0.448 128	0.342 311	0.386 137	0.372 672	0.333 333	1.427 259 093	0.776 257 991	0.352 281 358	0.310 193 2
物流业发展 第一组（产业增长）	1	0.615 361	0.464 579	0.414 848	0.405 948	0.390 503	0.333 333	1.394 939 042	0.745 919 725	0.348 420 8	0.487 343 037
第二组（成本效率）	1	0.666 218	0.507 657	0.438 737	0.421 519	0.392 886	0.333 333	1.347 776 233	0.779 794 526	0.366 518 727	0.512 656 963

表 5-6 子子系统的细分系统序量有序度

年份	节点数	边数	密度	中心度（%）	结构洞	平均距离	聚类系数	社会物流总费用：保管（万亿元）	社会物流总额（万亿元）	单位价值商品的物流保管费用占比（%）	全社会物流总费用占GDP比重（%）
2011	0.028 370 3	0.020 288 6		0.007 365 6	0.009 286 9	0.869 803 3	0.892 857 1	0.172 619	0.116 883 1	0.328 219 9	0.310 192
2012	0.196 885 7	0.166 701 5	0.875	0.153 762 2	0.144 208 5	0.551 582 5	0.373 376 6	0.410 714 3	0.256 345 9	0.282 654 9	0.267 356
2013	0.290 742 3	0.342 397	0.527 777 8	0.604 801 3	0.590 286 6	0.540 461 9	0.254 329	0.589 285 7	0.407 615 1	0.344 927 1	0.292 466 8
2014	0.420 861 8	0.610 123 4	0.597 222 2	0.903 064 5	0.901 492 5	0.378 785 3	0.400 432 9	0.648 809 5	0.523 465 2	0.477 065 6	0.488 921 7
2015	0.894 141 4	1.130 570 4	0.458 333 3	0.584 795 9	0.775 040 5	0.472 027 4	0.111 832 6	0.648 809 5	0.565 525 4	0.545 413 1	0.577 548
2016	0.653 370 3	0.605 940 2	0.180 555 6	0.475 675 2	0.816 945	0.455 774 2	0.019 841 3	0.648 809 5	0.643 004 7	0.662 363 3	0.740 029 5
2017	0.885 878 8	0.892 491 1	0.041 666 7	0.496 5	0.790 009 9	0.197 433 7	0.119 047 6	0.767 857 1	0.813 459 3	0.765 644	0.784 342 7

表 5-7　子子系统序参量有序度

年份	物流仓储装备制造创新网络演化			物流业发展	
	网络规模	网络资源	网络资本	产业增长	成本效率
2011	0.079 562	0.008 271	0.881 255	0.142 043	0.319 079
2012	0.258 743	0.148 912	0.453 815	0.324 476	0.274 899
2013	0.390 294	0.597 5	0.370 749	0.490 104	0.317 616
2014	0.555 25	0.902 278	0.389 459	0.582 777	0.482 957
2015	0.773 799	0.673 231	0.229 757	0.605 738	0.561 251
2016	0.415 018	0.623 378	0.095 095	0.645 901	0.700 12
2017	0.320 57	0.626 347	0.153 31	0.790 329	0.774 937

表 5-8　子子系统序参量加权有序度

年份	物流仓储装备制造创新网络演化			物流业发展	
	网络规模	网络资源	网络资本	产业增长	成本效率
2011	0.028 589 026	0.002 733 287	0.273 359 25	0.069 223 733	0.163 577 907
2012	0.092 973 515	0.049 212 31	0.140 770 319	0.158 131 314	0.140 928 909
2013	0.140 243 381	0.197 461 083	0.115 003 954	0.238 848 688	0.162 827 883
2014	0.199 516 872	0.298 183 85	0.120 807 445	0.284 012 378	0.247 591 414
2015	0.278 047 769	0.222 488 732	0.071 268 907	0.295 202 088	0.287 729 04
2016	0.149 127 473	0.206 013 332	0.029 497 951	0.314 775 161	0.358 921 539
2017	0.115 189 613	0.206 994 555	0.047 555 776	0.385 161 514	0.397 276 819
平均值	0.143 383 95	0.169 012 45	0.114 037 658	0.249 336 411	0.251 264 787

表 5-9　复合系统协调度

年份	物流仓储装备制造创新网络演化	物流业发展	C/Q	Q	C
2011	0.0277 463 67	0.106 411 81	——	——	——
2012	0.086 360 411	0.149 282 529	0.050 128 098	1	0.050 128 098
2013	0.147 126 946	0.197 208 586	0.053 965 734	1	0.053 965 734
2014	0.192 983 042	0.265 177 349	0.055 828 148	1	0.055 828 148
2015	0.163 974 322	0.291 441 612	0.027 602 403	−1	−0.027 602 403
2016	0.096 771 68	0.336 124 36	0.054 797 798	−1	−0.054 797 798

表 5-9(续)

年份	物流仓储装备制造创新网络演化	物流业发展	C/Q	Q	C
2017	0. 104 277 795	0. 391 172 265	0. 020 327 221	1	0. 020 327 221
平均值	0. 117 034 366	0. 248 116 93	—	—	0. 016 308 167

5.3.2 物流仓储装备制造创新网络演化分析

现有的创新网络演化分析以网络拓扑结构反映网络具体形态的变化为主,往往得到网络演化规律的复杂性结论,但仍难以把握网络演化的整体态势。本章计算得到的投影值(表 5-4)为物流仓储装备制造创新网络演化分析提供了更为直接的证据,用一维向量能够直观反映网络整体随时间(生命周期)递进而产生的渐现和涌现趋势,如图 5-2 所示。

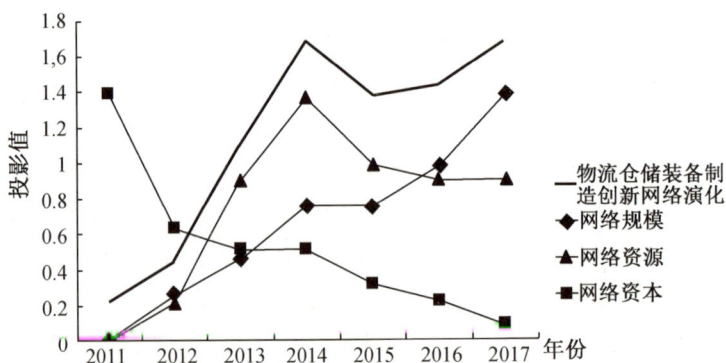

(a)

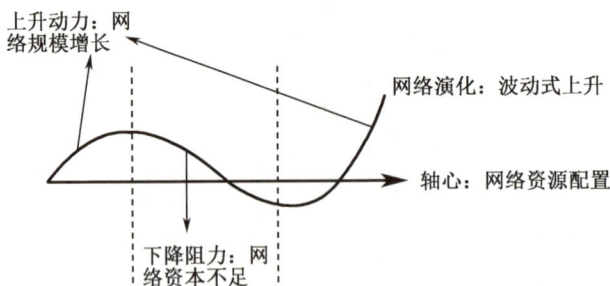

(b)

图 5-2 物流仓储装备制造创新网络演化分析

由图 5-2(a)可知,2011—2017 年的物流仓储装备制造创新网络演化呈"先上-后下-再上"的"N"型分布,表明网络整体状态随生命周期递进而呈波动式增长。进一步,研究发现网络资源呈倒"U"型分布,与网络演化前期同步,表明网络资源优化配置是网络演化的轴心(基本职能);网络规模呈线性增长态势,表明网络规模扩张是推动网络演化上升背离网络资源优化配置的动力,而网络资本则呈负指数下降态势,表明网络资本过度或过少所带来的不稳定性(尤其是资本不足)是网络演化下降背离网络资源优化配置的阻碍因素。物流仓储装备制造创新网络演化的动力机制见图 5-2(b)所示。事实上,诸多学者在研究中也得到了一致的结论,都认为产业创新网络作为一种产业组织结构,符合规模经济的分析范式,网络规模扩张(特别是网络密度)成为创新网络演化的核心动力。但学者们极少考虑网络资源配置不优化和网络资本积累不足对网络动态演化的影响。

5.3.3　物流仓储装备制造创新网络演化与物流业发展的协调度分析

表 5-9 所示的物流仓储装备制造创新网络演化与物流业发展的复合系统协调度均值为 0.016 308 167,表明二者之间产生了一定的协调性,但协调程度不高。同时,研究发现,物流业发展子系统内部的有序度 0.248 116 93 高于物流仓储装备制造创新网络演化子系统内部的有序度 0.117 034 366,而子子系统有序度的排序为:成本效率 0.251 264 787>产业增长 0.249 336 411>网络资源 0.169 012 45>网络规模 0.143 383 95>网络资本 0.114 037 65。由此可见,第一,从绝对视角,物流业发展子系统内部的有序度和物流仓储装备制造创新网络演化子系统内部的有序度都不高,这是造成低协调度的一个主要原因;第二,相对而言,物流业发展的有序度偏高,物流仓储装备制造创新网络的低效演化是造成低协调度的另一个原因,而网络资本积累不足是网络低效演化的根源所在(见图 5-2(b))。进一步探究网络资本积累不足的原因,发现表 5-3 中物流仓储装备制造创新网络的平均距离(均值 1.96)较长、聚类系数(均值 0.271)较低,表明创新网络节点因强关系锁定、弱关系缺失而造成知识、技术等信息传播渠道过窄,信息时效性低下,网络整体的凝聚力不够,不利于网络结构维、关系维和认知维社会资本的有效积累。

此外,为了动态探究物流仓储装备制造创新网络演化与物流业发展协调度不高的原因,本章基于表 5-8、5-9 构建了图 5-3 所示的复合系统协调度动态演化过程图。

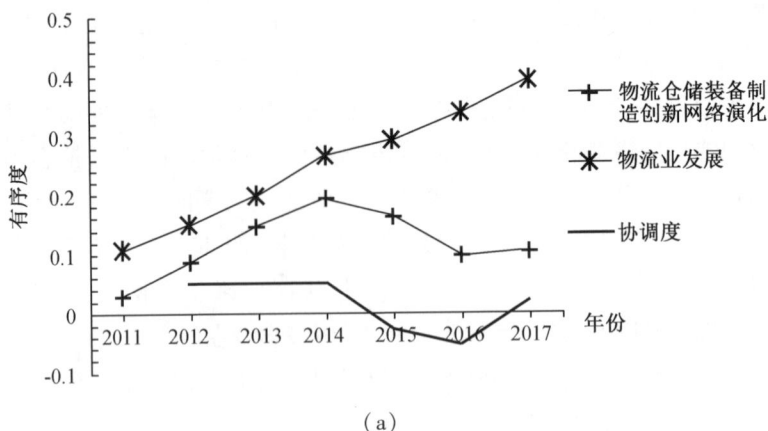

（a）

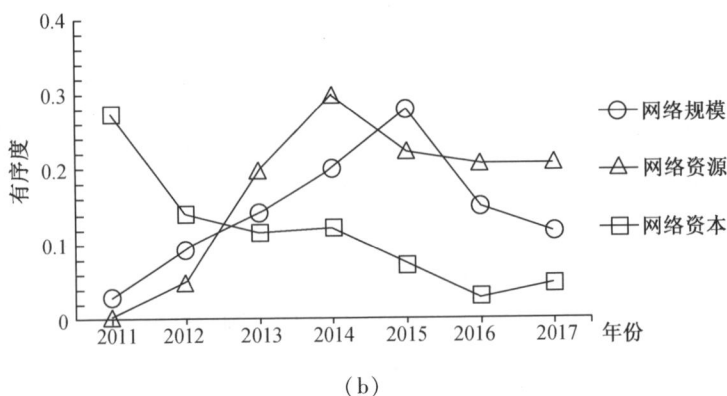

（b）

图5-3　复合系统协调度动态演化过程

　　由图5 3(a)可知,物流仓储装备制造创新网络演化与物流业发展的复合系统协调度在2014年前相对平稳(约为0.05),2014—2016年出现了下降趋势,2016年后开始上升。而物流业发展子系统内部的有序度2011—2017年呈递增趋势,物流仓储装备制造创新网络演化子系统内部的有序度2014年前递增,2014—2016年递减,2016年后上升。可见,复合系统协调度与物流仓储装备制造创新网络演化子系统内部有序度具有一致的动态演化趋势,因此动态视角下物流仓储装备制造创新网络低效演化仍是低协调度的主要原因。而由图5-3(b)进一步可知,2014—2016年网络资源和网络资本有序度都呈下降趋势,表明除了网络资本积累不足导致网络低效演化,进而影响协调度下降外,网络资源配置的不优化也对物流仓储装备制造创新网络演化与物流业发展的协调产生较大影响,尤其网络中异质类知识、信息和技术等新资源的跨界整合困难,直接影响资源配置效率。进一步探究网络资源配置不优化的原因,发现表5-3中物流仓储装备制造创新网络的节点数(均

值 317. 142 857 1)和边数(均值 303. 714 285 7)均相对较高,但中心度(均值 5. 797
142 857)较小、结构洞(均值 13. 381 142 86)较低,表明网络节点相对分散,没有形
成中心突出的"核心-边缘"结构,网络整体的资源整合能力较弱。网络权力依靠
中心性发挥功能,间接控制网络资源流动,适度的网络权力集中有利于网络高效治
理,提高资源配置效率。

本 章 小 结

1. 为物流创新和物流业的发展提供思路和方法

本章的研究为物流仓储装备制造创新模式的构建和物流业的发展提供了新的
思路和方法,得出以下结论:

(1)总体上来看,现阶段我国物流仓储装备制造创新网络演化(子系统)与物
流业发展(子系统)之间处于一种低度协调状态(复合系统协调度均值为
0. 016 308 167)。进一步研究表明,各子系统内部有序度产生了一定的协调作用
(排序如下):物流业发展(有序度均值 0. 248 116 93)>物流仓储装备制造创新网络
演化(有序度均值 0. 117 034 366),且物流仓储装备制造创新网络的低效演化对系
统整体协调影响较大。从上述结果可以看出,我国物流仓储装备制造创新网络演
化与物流业发展各子系统内部协调效果较好,但系统整体协调不佳,难以保证物流
仓储装备制造创新效率及装备利用率。

(2)物流仓储装备制造创新网络演化呈波动式增长,网络资源优化配置是网
络演化的轴心,网络规模扩张是推动网络演化上升背离网络资源优化配置的动力,
而网络资本则是网络演化下降背离网络资源优化配置的阻碍因素。结合(均值和
时序)协调度综合分析可知,网络资本积累不足和网络资源配置不优化是影响现阶
段我国物流仓储装备制造创新网络演化与物流业发展协调的主要因素。且进一步
研究发现网络平均距离(均值 1. 96)较长、聚类系数(均值 0. 271)较低、中心度(均
值 5. 797 142 857)较小、结构洞(均值 13. 381 142 86)较低。从上述结果可以看出,
创新网络信息传播渠道过窄,网络整体凝聚力不够,中心突出的"核心-边缘"结构
缺失,是造成低协调度的具体原因。

2. 理论贡献

(1)影响产业发展与产业经济增长的因素研究是国内外经济管理学者关注的
热点问题。创新对产业发展的影响毋庸置疑,将创新网络作为影响因素的研究也
有迹可循,但这些研究局限于将网络作为自变量的因果分析,对网络(作为因变

量)反馈协调性机制(关联分析)考察不足。本章基于此理论,以物流仓储装备制造创新网络与物流业为实证背景,借助复合系统协调度模型构建了由物流仓储装备制造创新网络演化子系统与物流业发展子系统复合构成的协同系统,从过程视角评价了物流仓储装备制造创新网络与物流业的协调一致程度,剖析了形成复合系统协同效果不佳的低创新效率、低装备利用率等"内生"交互影响因素。该结论基于协调演化视角丰富了产业发展理论,扩充了产业发展影响因素模型,有利于未来探讨创新网络环境下产业创新发展路径的解释,具有突出的理论贡献。

(2)本章提出并验证了创新网络演化的动力机制,尤其开展了创新网络演化的"主轴—动力—阻力"框架模型分析。研究显示,网络资源优化配置是网络演化主轴,网络规模扩张是网络演化动力,而网络资本不足是网络演化阻力。事实上,本章结论不仅进一步丰富了关于网络演化动力与阻力因素分析的探讨,而且从宏观序参量协同视角梳理了主轴因素、动力因素和阻力因素彼此间的多元联动机理,明晰了创新网络因该机理作用而产生的波动上升式演化规律,弥补了创新网络演化动力交互研究的不足,增强了动力因素对网络演化的解释力度。

第6章　大健康产业合作网络

6.1　产业链创新下大健康产业合作网络演化

联合发明专利是大健康产业链创新的种子。本章基于3.4节确定的17个大健康产业链模块,确定了17个产业链模块的"核心企业"。然后,按照每个模块内核心企业(名单)在《专利检索数据库》进行交叉式专利检索,确定了与核心企业合作的其他企业(名单)。为保证研究样本的全面性,基于社会网络中"滚雪球"方法思路,本章最终分析的企业类型包括核心企业和其他企业,且规定每个模块内核心企业、通过检索得到其他企业均隶属于该模块(与第三章的研究区别在于,第三章周期是三年为一个切片,而第六章是一年为一个周期切片,且不考虑企业的重复隶属关系)。

然而,存在很多企业(核心企业和其他企业)隶属于多个模块的情况。为了解决这个问题,本章利用EXCEL表中的"工作簿"查重功能,最终确定了隶属于多个模块的企业名单,并通过专家咨询方式确定了这些企业的最终隶属模块。在给企业进行隶属模块编码后,本章通过计算机编程确定了产业链模块间合作的关联矩阵。

在关联矩阵的基础上,我们运用UCINET软件绘制了图6-1所示的模块化网络。这个网络是由多个节点(企业)和边(合作关系)组成的拓扑结构,可以用来描述大健康产业链中各个企业之间的互动关系。

基于该网络,我们可以计算一系列网络结构变量数值。这些数值可以反映网络的整体特性以及各个节点在网络中的地位和影响力。例如,节点的度数可以反映其与其他节点的连接数目,节点的聚类系数可以反映其所在社区的紧密程度,最短路径长度可以反映网络中信息传播的速度等。

通过这些网络结构变量的计算和分析,我们可以进一步了解大健康产业链中各个企业之间的合作模式、信息传递方式以及整个产业链的运作机制。这不仅有助于我们深入理解大健康产业链的创新机制和演化规律,也可以为企业制定合作策略、优化资源配置提供参考依据。

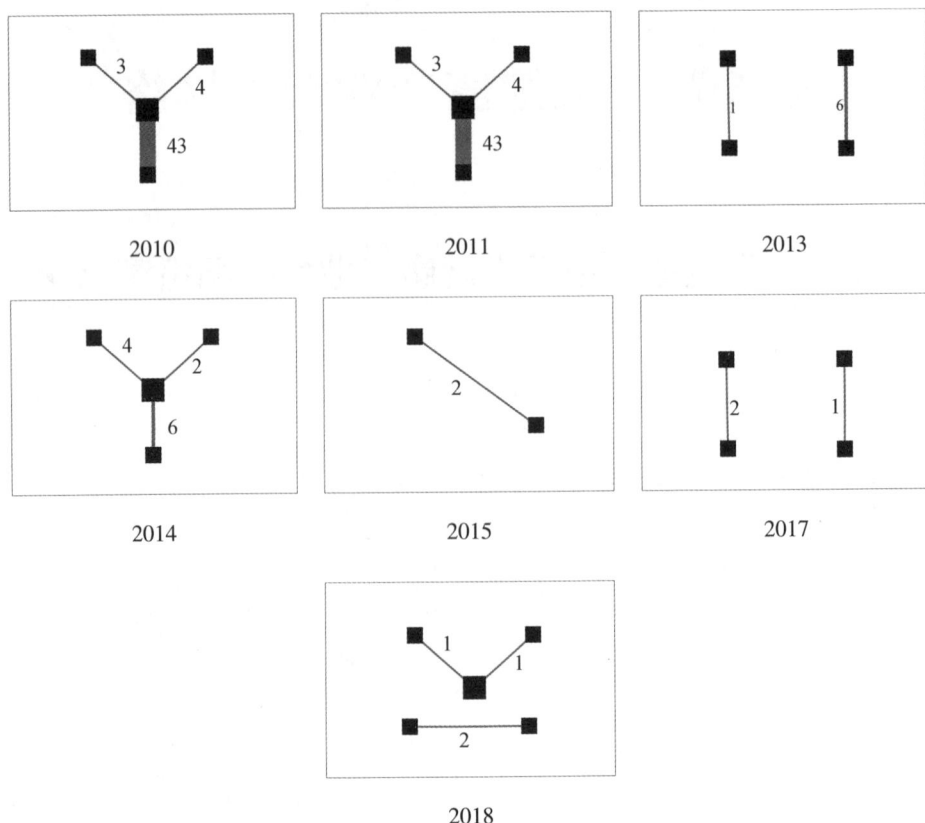

图 6-1　模块化网络(2012 年和 2016 年无合作关系)

6.2　网络视角下大健康产业链创新能力评价

6.2.1　创新能力评价

创新能力的研究一直是学者们关注的重点,主要以国家层面、(省域、产业集群、高新区、科技园等)区域层面和(中小型、科技型、高新技术型等)企业层面的创新能力研究为主。也有学者开展煤炭行业、国防工业等产业层面的创新能力研究,如 Kucuk 等(2020)利用土耳其 500 强工业企业中的技术纺织公司的实证数据,基于 AHP 和 FCE 方法分析土耳其技术纺织行业的创新能力。Myung-Sook 等(2019)通过对韩服企业小工代表进行问卷调查,评价韩国光州汉博克产业集的群创新能力。鲜有学者开展产业链协同创新能力的评价研究,如邱晓燕等(2018)基于产业创新链视角分析了智能产业技术创新力;刘国巍等(2019)评价了新能源汽车产业链创新系统的协同效果。产业链协同不同于产业链上各独立企业创新要素的简单叠加,而是各企业通过相互作用、配合和共享等途径而达到的一种整体性效果。因此,产业链创新能力也不是产业链上各独立企业创新能力的简单叠加,而是产业链层面上各独立企业集群交互形成的整体创新能力,具有多产业链环节协调和多主体参与、多要素流动等多属性决策特征。还有学者开展了网络视角下的创新能力评价研究,如 Wang 等(2019)分析了创新网络中企业技术创新能力的分类和增长趋势,提出了基于二元差分演进(DE)编码的企业创新能力绩效评价方法。研究发现,虽然创新能力的类型多样,但其评价的思路和方法却基本相同:

(1)创新能力评价指标的选择。指标体系的建立是创新能力评价的首要问题,现有研究表明创新(资源)投入、(技术、经济、绩效)产出和环境(社会效应)支撑是创新能力评价指标的主要维度。Kang 等(2010)在研究建筑业创新能力评价的过程中,认为产业竞争力是以创新能力为基础的,客观评价创新能力是政策发展的必要条件,且创新活动、创新网络、也是技术创新能力评价的主要标准。

(2)创新能力评价方法的构建。现有评价方法的构建体现在如下思路:第一、数据的确定性与不确定性。对于不确定数据一般采用基于模糊集语言、不确定语言等的方法进行评价。第二、面向多属性的集成评价方法的选择,主要解决多因素之间的合成与评价求解问题,TOPSIS、ELECTRE 系列、模糊综合评价模型等方法运用较多;第三、指标权重方法与评价方法的集成。现有研究多采用 AHP、DEMATEL等方法确定指标权重后,代入评价模型求解。

6.2.2　创新能力评价体系

本章在参考《中国高技术产业创新能力评价报告 2018》《中国区域创新能力监测报告 2019》等权威评价指标体系的基础上,结合中国科技部《生物技术产业创新能力评价指标体系》(征求意见稿)文件中确定的"基于产业创新系统观点的投入—产出关系、外部环境因素、内部的组织机制与网络对产业创新活动影响"的指标体系设计思路,考虑大健康产业的行业特点和网络组织特性,遵循科学性和实用性、全面性和代表性、系统性和导向性相结合的原则,从网络组织视角下的创新投入、创新产出、创新环境支撑、创新政策扶持等 4 个维度构建评价指标体系,如表6-1 所示。

表 6-1　大健康产业链创新能力测度指标体系

一级指标	二级指标	三级指标
大健康产业链创新能力	创新投入能力 Y	网络规划 y_1
		网络配置 y_2
		网络运作 y_3
		网络占位 y_4
	创新产出能力 X	创新数量 x_1
		创新复杂性 x_2
		创新资产 x_3
	环境支撑能力 Y^1	有 R&D 机构的企业单位数 y_1^1
		产业规模 y_2^1
		R&D 人员折合全时当量 y_3^1
	政策扶持能力 X^1	R&D 经费内部支出(政府资金) x_1^1

(1)创新投入能力 Y。创新投入是大健康产业链创新模块化网络形成和演化的基础前提。基于动态能力观视角,在产业链模块间基于合作创新行为而结网的动态过程中,网络规划、资源配置、运作维护和权力涌现都在不同阶段影响产业链模块对创新资源的投入决策。本章从规划、配置、运作和占位四个维度衡量创新投入能力,并选择适合的网络结构变量(显变量)进行直接测度:

网络规划强调开发和利用加入网络后带来的机会。根据创新生态系统理论,加入模块化网络的成员多样性越丰富,互补合作关系越多,系统越稳定,表明成员的多样是开发和利用机会的前提。异质性反映了网络中非冗余性资源的多样化,是主要测度网络成员差异化程度的指标。本章运用异质性测度网络规划投入水平 y_1,具体测度公式如下:

给定某产业链模块 j,该模块包含 N 个网络节点,判断单个节点与党政机关、高校或科研机构、同行业企业、其他部门(设定部门 $i=1,2,3,4$)的隶属关系。p_i 为第 i 个部门在第 j 模块内出现的概率。于是,第 j 个模块的异质性为

$$H_j = \frac{1 - \sum_{i=1}^{k} p_i^2}{1 - \frac{1}{k}},\text{且 } k = 4$$

整个产业链的异质性 H 为

$$H = \sum_{j=1}^{17} \frac{H_j^2}{\sum\limits_{j=1}^{17} H_j}$$

同时保持与众多合作伙伴密切联系是网络配置资源的基础。网络密度是利用网络内实际存在的联系数量占到可能联系数量的比例，而社会网络中的"图的中间中心势"则强调网络控制或者调节并不直接相联系的两节点之间的联系。这两个变量都从关系资本视角反映了网络关系资源配置投入水平。本章运用网络密度和中间中心势测度网络配置指标 y_2。

维护与合作伙伴的长时间合作是稳定网络运作的基础。按照互惠原则，关系维护需要频繁联系。联系强度能反映网络节点间联系频率的高低。因此，本章运用联系强度变量测度网络运行指标 y_3，联系强度主要利用网络内"大于等于 2 次合作的节点数量占比"表征。

网络占位是占据合作关系网络中心位置的能力。根据网络中心权力理论，越占据网络中心位置的企业对资源的控制权力越大，必然影响创新资源的科学投入。社会网络中的"图的度数中心势"是度量整体网络中心化程度的重要指标。本章运用"标准化度数中心势"变量测度网络占位指标 y_4。网络密度、标准化中间中心势和标准化度数中心势测度公式可参照文献[151]，本章不再赘述。

（2）创新产出能力 X。创新产出既是从事大健康产业链创新活动的最终表现形式和效果，包括创新成果数量、创新资产等，也涵盖创新系统涌现的某些特性，如创新复杂性。因此，本章从创新数量、创新复杂性和创新资产三个方面综合评价大健康产业链创新产出能力。参照文献[152]的做法，本章采用专利数量衡量创新成果数量 x_1。创新复杂性是通过计算部件、组件的接口子系统在产品体系结构的数量，反映对象的复杂性。本章利用模块化网络内"不同环节相依边占比的加权"来测度创新复杂性 x_2。

创新资产 x_3 主要包括广度和深度两个维度。创新资产深度 Z 是单个产业链模块创新资产 Z_j 的几何平均。Z_j 是单个产业链模块 j 专利（n_j）占总体专利的平均比例，具体计算公式如下：

$$Z_j = \frac{n_j}{\sum\limits_{j=1}^{c} n_j}$$

$$Z = \sqrt[c]{\prod_{j=1}^{c} Z_j}$$

上式中 C 为专利数量不为 0 的产业链模块数量。

此外,创新资产广度 $\underline{Z}$ 反映创新组合的多样性与范围,且

$$\underline{Z} = 1 - \sum_{j=1}^{c} Z_j^2$$

(3)环境支撑能力 Y^1 和政策扶持能力 X^1。环境支撑和政策扶持对大健康产业链协同创新的发展具有明显的外生推动作用。大健康产业环境保障了产业链协同创新的顺利开展,本章主要采用 R&D 机构的企业单位数 y_1^1、产业规模 y_2^1、R&D人员折合全时当量指标 y_3^1,从市场和研发两方面衡量环境支撑能力。大健康作为新兴产业,金融支持政策对产业激励效果明显,故本章采用 R&D 经费内部支出(政府资金)x_1^1 衡量政策扶持能力。大健康产业规模的数据主要参考文献[155]确定;R&D 机构的企业单位数、R&D 人员折合全时当量和 R&D 经费内部支出(政府资金)三个指标并未有专门的大健康统计数据,本章使用《中国高技术产业统计年鉴》中医药制造、医疗仪器设备及仪器仪表制造的整合数据代替。

6.3　大健康产业链创新能力矢量测度模型

亚当·斯密在《国富论》和《道德情操论》中都试图把牛顿方法运用到伦理学和经济学中。19 世纪,英国经济学家穆勒借鉴经典物理学来描述经济因果关系原理。随后,现代数理经济学的先驱瓦尔拉斯和帕累托将物理学中的数理方法推广到经济学,或多或少表示出经济力的作用与力学均衡的粗略对应。20 世纪 70 年代提出的社会动力学三个法则与牛顿三大力学定律相似。此后,管理学者对企业发展战略态势、企业社会责任、企业家能力等问题都进行过矢量化界定。"力"和"能力"具有天然相似性,基于"力"的矢量合成方法开展创新能力评价,具有高度的适用性。产业链创新能力具有多环节协调、多属性决策等特征,运用传统的创新能力评价模型或协调度模型都不能全面反映产业链创新能力水平。因此,本章借助矢量合成方法构建体现多属性和协调性特征的产业链创新能力测度模型。本章构建的矢量测度模型保留了已有创新能力评价的多属性决策集成思路,融入了复合系统协调度模型,且集成过程更具直观性。

模块化网络视角下的产业链创新矢量,是指在产业链各模块织网开展合作创新过程中,形成的推动合作创新发展的带有"方向"的能力或力量。产业链创新矢量的大小反映了产业链创新水平的高低。而方向则表示产业链创新矢量对推动产业链创新发展的不同维度力量的偏好度。产业链创新矢量主要是受创新投入、产出、环境和政策四个因素影响,故本章将这些二级指标设定为极坐标轴矢量。

创新投入与创新产出都是产业链模块间为有效开展合作创新而形成的自组织力量,具有内生属性;环境支撑和政策扶持都是影响产业链模块间有效开展等合作创新活动的他组织力量,具有外生属性。因此,本章首先将创新投入与创新产出能力、环境支撑和政策扶持能力两两组合开展矢量合成研究,然后再进行复合矢量的二次合成。创新投入与创新产出矢量合成将得到产业链创新自组织能力矢量,环境支撑和政策扶持矢量合成将得到产业链创新他组织能力矢量。产业链创新自组织能力矢量和他组织能力矢量二次合成得到产业链创新能力矢量。矢量测度模型的具体合成流程见图 6-2 所示。

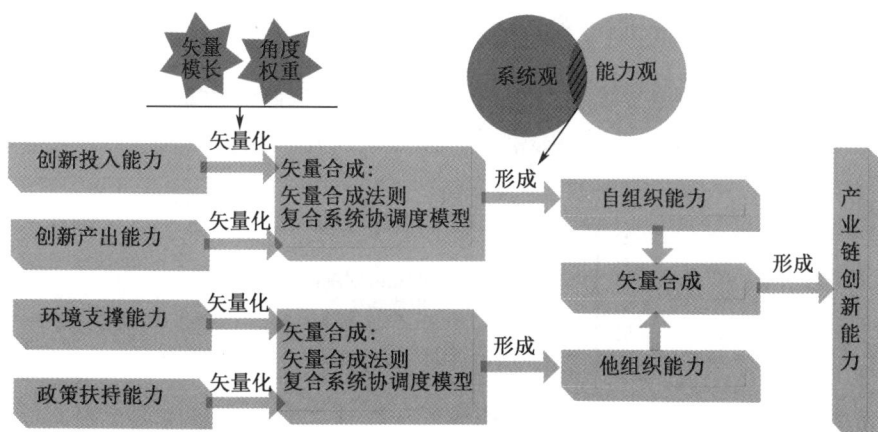

图 6-2　产业链创新矢量测度模型的合成流程

6.3.1　基本假设与符号说明

(1)基本假设

假设 1:模块化网络视角下的产业链创新能力矢量可以用极坐标表示。

假设 2:模块化网络视角下的产业链创新能力矢量是由创新投入、产出、环境支撑和政策扶持能力的矢量和得到的。

(2)符号说明(以创新投入与创新产出矢量合成为例)。

- Y 轴(纵轴)—产业链模块间为开展合作创新而发出的创新投入能力轴矢量;

- X 轴(横轴)—产业链模块间为开展合作创新而发出的创新产出能力轴矢量;

- 向量 $\overrightarrow{OA}$—创新投入能力矢量;

- 向量 $\overrightarrow{OB}$—创新产出能力矢量;
- 向量 $\overrightarrow{OC}$—产业链创新自组织能力矢量,是创新投入能力矢量 $\overrightarrow{OA}$ 与创新产出能力矢量 $\overrightarrow{OB}$ 的矢量和;
- $\left|\overrightarrow{OC}\right|$—产业链创新自组织能力矢量 $\overrightarrow{OC}$ 的(模长)大小,即产业链创新自组织能力的高低程度;
- α—影响产业链模块间开展合作创新的投入能力的角度权重,且 $0 \leqslant \alpha \leqslant 45°$;
- β—影响产业链模块间开展合作创新的产出能力的角度权重,且 $0 \leqslant \beta \leqslant 45°$。

6.3.2 矢量合成测度模型

基于基本假设和符号说明,按照矢量合成的平行四边形定则本章构建了图 6-3 所示的二维产业链创新自组织能力矢量合成模型。

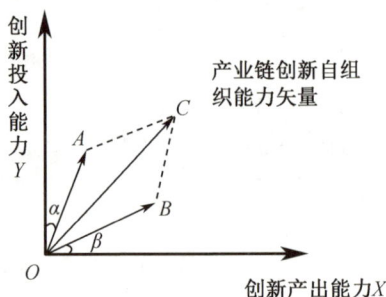

图 6-3 二维产业链创新自组织能力矢量合成模型

图 6-3 模型中存在着两类轴创新矢量,即创新投入能力矢量 Y 和创新产出能力矢量 X,位于横轴的创新产出能力在角度 β 的作用下向前方发展,其发展越快,矢量就愈大,说明产业链模块间开展合作创新的技术升级、知识创造的产出越高。而位于纵轴的创新产出能力在角度 α 的作用下向前方发展,其发展越快,矢量就愈大,说明产业链模块间开展合作创新的投入越大。实际的创新矢量可能是多维的,根据层次分析和降维原理,多维的创新矢量可降为二维轴创新矢量后再运用合成法则计算。本章在上述二维矢量合成模型的基础上,进一步构建如下的矢量合成测度模型:

对于待评价对象 q,令 $Y_q^t = [y_{1q}^t, y_{2q}^t, \cdots, y_{nq}^t]$ 且 $y_{iq}^t \in [0,1]$ 表示对象 q 第 t 期 n 维创新投入能力矢量 Y_q^t 的分矢量,即创新投入能力的 n 维测量指标;令 $X_q^t = [x_{1q}^t,$

$x_{2q}^t, \cdots, x_{mq}^t]$ 且 $x_{jq} \in [0,1]$ 表示对象 q 第 t 期 m 维创新产出矢量 $\boldsymbol{X}_q$ 的分矢量,即创新产出能力的 m 维测量指标。

分矢量采用如下方式进行无量纲化:

$$y_{iq}^t = \begin{cases} \dfrac{y_{iq}^t - y_{iq}^{\min}}{y_{iq}^{\max} - y_{iq}^{\min}} & i = 1, \cdots, n \quad y_{iq}^t \text{ 为正向指标} \\[4mm] \dfrac{y_{iq}^{\max} - y_{iq}^t}{y_{iq}^{\max} - y_{iq}^{\min}} & i = 1, \cdots, n \quad y_{iq}^t \text{ 为负向指标} \end{cases} \qquad (\text{公式 }1)$$

上式中,分失量的最大值 $y_{iq}^{\max}$ 和最小值 $y_{iq}^{\min}$ 设定为考察期内分失量最大值的 110% 和最小值的 90%。

令 $\theta_{\alpha q} = [\theta_{1q}^\alpha, \theta_{2q}^\alpha, \cdots, \theta_{nq}^\alpha]$ 且 $\theta_{iq}^\alpha \in [0, 0.8]$ 表示 y_{iq}^t 的数值权重值,$\theta_{\beta q} = [\theta_{1q}^\beta, \theta_{2q}^\beta, \cdots, \theta_{nq}^\beta]$ 且 $\theta_{jq}^\beta \in [0, 0.8]$ 表示 x_{jq}^t 的数值权重值。

根据角度转换法则可得到 n 维创新投入能力矢量 $\boldsymbol{Y}_q^t$ 和 m 维创新产出能力矢量 $\boldsymbol{X}_q^t$ 各分量的复合角度权重分别为

$$\alpha_{iq} = \theta_{iq}^\alpha \times \left(\frac{180}{\pi}\right)^\circ$$

$$\beta_{jq} = \theta_{jq}^\beta \times \left(\frac{180}{\pi}\right)^\circ \qquad (\text{公式 }2)$$

然后,根据复合系统协调度模型(Coordinating Measurement Model With Respect To Composite System)可得创新投入能力矢量 $\boldsymbol{Y}_q$ 和创新产出矢量 $\boldsymbol{X}_q$ 的复合数值权重分别为:

$$\theta_{\alpha q} = \sqrt[n]{\theta_{1q}^\alpha \times \theta_{2q}^\alpha \times \cdots \times \theta_{nq}^\alpha}, \quad \theta_{\beta q} = \sqrt[m]{\theta_{1q}^\beta \times \theta_{2q}^\beta \times \cdots \times \theta_{nq}^\beta} \qquad (\text{公式 }3)$$

根据角度转换法则可进一步得到创新投入能力矢量 $\boldsymbol{Y}_q$ 和创新产出能力矢量 $\boldsymbol{X}_q$ 的复合角度权重分别为:

$$\alpha_q = \theta_{\alpha q} \times \left(\frac{180^\circ}{\pi}\right), \quad \beta_q = \theta_{\beta q} \times \left(\frac{180^\circ}{\pi}\right) \qquad (\text{公式 }4)$$

设 n 维创新投入能力矢量 $\boldsymbol{Y}_q^t$ 的各分矢量为极坐标,根据矢量空间合成法则可知任意两个矢量 $y_{iq}^t, y_{i+k,q}^t$ 的复合矢量模长为

$$\left| \overrightarrow{oy_{i,i+k,q}^t} \right| = \sqrt{y_{iq}^{t2} + y_{i+k,q}^{t2} + 2y_{iq}^t \times y_{i+k,q}^t \times \sin(\alpha_{iq} + \alpha_{i+k,q})} \qquad (\text{公式 }5)$$

本章采用顺序编码方式,运用上述复合矢量模长公式(α_{iq} 或 $\alpha_{i+k,q}$ 为合成角度时,使用复合数值权重公式和角度转换法则计算合成角度)计算 n 维创新投入能力矢量 $\boldsymbol{Y}_q^t$ 的总模长 $|\boldsymbol{Y}_q^t|$。

同理,可计算 m 维创新产出能力矢量 $\boldsymbol{X}_q^t$ 的总模长 $|\boldsymbol{X}_q^t|$。进而,创新投入能力矢量 $\boldsymbol{Y}_q^t$ 和创新产出能力矢量 $\boldsymbol{X}_q^t$ 基于复合角度权重合成的产业链创新自组织能力

矢量 $\overrightarrow{OC^t_q}$ 的模长为

$$|\overrightarrow{OC^t_q}| = \sqrt{|Y^t_q|^2 + |X^t_q|^2 + 2|X^t_q| \times |Y^t_q| \times \sin(\alpha_q + \beta_q)} \qquad （公式6）$$

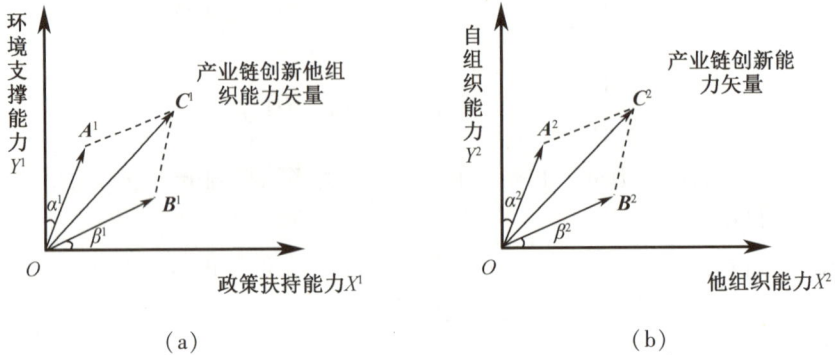

（a）　　　　　　　　　　　　　　　　　（b）

图6-4　二维产业链创新能力矢量合成模型

按照创新投入与创新产出能力矢量合成的计算方法，在给定环境支撑能力测度指标值 $\boldsymbol{Y}^{1t}_q = [y^{1t}_{1q}, y^{1t}_{2q}, \cdots, y^{1t}_{nq}]$ 和政策扶持能力测度指标值 $\boldsymbol{X}^{1t}_q = [x^{1t}_{1q}, x^{1t}_{2q}, \cdots, x^{1t}_{mq}]$，及数值权重值 $\theta_{\alpha^1 q} = [\theta^{\alpha^1}_{1q}, \theta^{\alpha^1}_{2q}, \cdots, \theta^{\alpha^1}_{nq}]$ 和 $\theta_{\beta^1 q} = [\theta^{\beta^1}_{1q}, \theta^{\beta^1}_{2q}, \cdots, \theta^{\beta^1}_{nq}]$ 后，且 $\theta^{\alpha^1}_{iq}, \theta^{\beta^1}_{jq} \in [0, 0.8]$，可得到环境支撑能力矢量 $\boldsymbol{Y}^{1t}_q$ 和政策扶持能力矢量 $\boldsymbol{X}^{1t}_q$ 基于复合角度权重合成的产业链创新他组织能力矢量的模长 $|\overrightarrow{OC^{1t}_q}|$，合成过程见图6-4(a)。

然后，基于得到的创新投入能力矢量 $\boldsymbol{Y}_q$ 和创新产出矢量 $\boldsymbol{X}_q$ 的复合数值权重 $\theta_{\alpha q}$ 和 $\theta_{\beta q}$，运用复合系统协调度模型确定产业链创新自组织能力矢量的角度权重：

$$\alpha^2_q = \sqrt{\theta_{\alpha q} \times \theta_{\beta q}} \times (\frac{180°}{\pi}) \qquad （公式7）$$

同理，可计算产业链创新他组织能力矢量的角度权重 β^2_q。

根据得到的产业链创新自组织能力矢量模长 $|\overrightarrow{OC^t_q}|$ 和自组织能力矢量模长 $|\overrightarrow{OC^{1t}_q}|$，最终确定产业链创新能力矢量 $\overrightarrow{OC^{2t}_q}$ 的模长为：

$$|\overrightarrow{OC^{2t}_q}| = \sqrt{|\overrightarrow{OC^t_q}|^2 + |\overrightarrow{OC^{1t}_q}|^2 + 2|\overrightarrow{OC^t_q}| \times |\overrightarrow{OC^{1t}_q}| \times \sin(\alpha^2_q + \beta^2_q)} \qquad （公式8）$$

上式中 $|\overrightarrow{OC^{2t}_q}|$ 越大，表示评价对象 q 的产业链创新能力的绝对值越大，反映了评价对象 q 的产业链创新能力大小，合成过程见图6-4(b)。

6.3.3　结果与讨论

（1）计算过程

本章设定评价对象 q 为大健康产业。将确定的原始数据代入6.3.2节公式1

后,得到表6-2所示的三级指标无量纲化数值。

表 6-2 三级指标数值

年份	网络规划 y_1	网络配置 y_2	网络运作 y_3	网络占位 y_4	创新数量 x_1	创新复杂性 x_2	创新资产 x_3	有 R&D 机构的企业单位数 y_1^1	产业规模 y_2^1	R&D 人员折合全时当量 y_3^1	R&D 经费内部支出(政府资金) x_1^1
2010	0.531 7	0.909 0	0.908 8	0.543 8	0.011 9	0.908 7	0.697 9	0.021 9	0.032 3	0.056 8	0.041 2
2011	0.241 2	0.132 5	0.452 8	0.493 8	0.042 4	0.109 2	0.851 1	0.353 9	0.144 0	0.474 5	0.228 2
2012	0.325 6	0.000 1	0.000 4	0.000 0	0.193 0	0.000 4	0.817 5	0.655 9	0.209 7	0.594 6	0.424 3
2013	0.133 9	0.076 1	0.452 8	0.349 8	0.458 8	0.068 7	0.731 6	0.584 2	0.335 3	0.774 9	0.637 6
2014	0.279 9	0.775 6	0.908 8	0.935 3	0.644 0	0.141 6	0.594 8	0.627	0.462 5	0.862 6	0.593 1
2015	0.346 3	0.024 7	0.452 8	0.389 8	0.890 5	0.022 1	0.435 6	0.696 4	0.629 9	0.816 1	0.720 4
2016	0.448 5	0.000 1	0.000 4	0.000 0	0.741 3	0.000 4	0.584 3	0.795 6	0.648 5	0.845 9	0.749 9
2017	0.244 1	0.037 6	0.908 8	0.354 0	0.663 9	0.041 0	0.637 2	0.876 5	0.750 1	0.831 1	0.790 0
2018	0.799 5	0.332 5	0.452 8	0.909 1	0.899 3	0.227 9	0.037 3	0.891 1	0.882 7	0.862 2	0.875 4

通过专家调研,利用平均值法得到各三级指标的原始权重值,并通过6.3.2节公式2角度换算得到对应的角度权重值。然后,利用6.3.2节的公式3得到复合数值权重,角度换算后进一步利用6.3.2节公式4得到复合角度权重。具体数值分布见表6-3和表6-4所示。

表 6-3 创新投入和产出权重数值分布

三级指标	y_1	y_2	y_3	y_4	x_1	x_2	x_3	复合数值权重	
原始权重值	0.600 0	0.525 0	0.650 0	0.550 0	0.650 0	0.575 0	0.600 0	0.579 3	0.607 5
角度权重(单位:度)	34.380	30.082 5	37.245 0	31.515 0	37.245 0	32.947 5	34.380	复合角度权重(度) 33.193 4	34.812 3

表6-4 环境支撑和政策扶持权重数值分布

三级指标	y_1^1	y_2^1	y_3^1	x_1^1	复合数值权重	
原始权重值	0.500 0	0.633 3	0.533 3	0.666 7	0.552 8	0.666 7
角度权重 (单位:度)	28.650 0	36.289 9	30.559 9	38.200 0	复合角度权重(度)	
					31.672 9	38.200 0

将表6-2三级指标数值和表6-3、表6-4的角度权重值代入6.3.2节的公式5~8,得到表6-5所示的各维度矢量模长及最终的产业链创新能力矢量模长。

表6-5 矢量模长数值分布

年份	创新投入能力矢量模长	创新产出能力矢量模长	产业链创新自组织能力矢量模长	环境支撑能力矢量模长	政策扶持能力矢量模长	产业链创新他组织能力矢量模长	产业链创新能力矢量模长
2010	2.293 2	0.904 1	1.537 2	0.076 2	0.041 2	0.108 7	1.504 7
2011	1.049 0	0.803 3	0.486 4	0.668 3	0.228 2	0.841 7	0.820 6
2012	0.325 8	0.760 8	0.491 0	1.018 2	0.424 3	1.345 7	1.270 2
2013	0.818 4	0.707 5	0.365 2	1.163 2	0.637 6	1.667 1	1.583 9
2014	2.286 9	0.762 5	1.639 7	1.341 3	0.593 1	1.801 3	1.993 3
2015	0.957 6	0.836 6	0.426 8	1.498 1	0.720 4	2.060 9	1.961 0
2016	0.448 7	0.737 5	0.390 6	1.609 5	0.749 9	2.193 7	2.096 7
2017	1.279 7	0.733 4	0.703 4	1.755 3	0.790 0	2.368 9	2.236 2
2018	2.034 7	1.090 9	1.164 0	1.894 0	0.875 4	2.575 4	2.449 2
均值	1.277 1	0.815 2	0.800 5	1.224 9	0.562 2	1.662 6	1.768 4

(2)结果分析。

本章主要采用反向推理的分析思路,从绝对效率视角明晰大健康产业链创新能力的整体状况,从相对效率视角剖析影响大健康产业链创新能力的关键因素。

①绝对效率分析:

总体上来看,表6-5中2011—2018年大健康产业链创新能力矢量模长不断增加,表明大健康产业链创新能力处于持续增长状态。大健康产业是新兴产业,面临更多的新市场需求如何满足、产业共性技术研发、商业模式创新等问题。随着大健康产业规模的不断扩大,涌入产业链的创新主体激增,产业链系统整体创新的自组织效率不断提高,政府不断努力营造良好的发展环境。这些都推动了大健康产业链创新能力的可持续发展。

然而,通过进行产业链创新自组织能力矢量模长与他组织模长的比较,见图6-5(a)所示,不难发现这两种能力并未同频变化。他组织能力呈现稳步增长的对数函数分布趋势,表明环境支撑和政策扶持对产业链创新具有积极的保障作用。由表6-5可知,环境支撑能力矢量模长和政策扶持能力矢量模长均呈逐渐递增趋势。这些变化得益于中国政府对大健康产业的巨大支持,不仅直接支持产业发展,如提供扶持资金政策等,还通过教育、引导资本流动等方法间接优化了大健康产业环境,也从权利和义务角度明确了大健康企业的社会责任。据不完全统计,截至2019年10月,除了《"健康中国2030"规划纲要》和《健康中国行动(2019-2030年)》政策之外,中国国家层面的其他大健康政策仍有27项。但进一步对比分析环境支撑能力矢量模长和政策扶持能力矢量模长发现,政策扶持能力矢量模长小于环境支撑能力矢量模长。因此,政府要加强对大健康产业链创新的直接支持力度。现有的大健康相关政策中仅有《"十三五"健康产业科技创新专项规划》1项创新政策,且该政策对产业链创新不具备针对性。可见,政府还要特别制定针对产业链创新的有效创新政策,激励创新主体跨界合作。

大健康产业链创新自组织能力呈"W"形分布,表明创新投入与创新产出对产业链创新的影响不稳定,需要进一步探索影响不稳定的关键因素。图6-5(b)显示了创新投入能力和创新产出能力的矢量模长对比,发现创新产出处于一种相对稳定的发展态势,创新投入呈"W"形分布。不难发现,创新投入是影响大健康产业链创新自组织能力不稳定的主要因素。此外,对比分析影响创新投入的网络规划、配置、运作、占位因素,图6-5(c)所示,发现除网络规划处于一种相对稳定的发展态势,网络配置、运作和占位都呈明显的"W"形分布。这些变化表明,网络配置、网络运作和网络占位是影响大健康产业链创新自组织能力不稳定的关键因素,其波动式发展阻碍了产业链创新能力快速增长。进一步研究发现,大健康产业链模块内部企业的合作仍然是最频繁的,如2012年药品供应商模块内部合作网络和2016年药品供应商模块内部合作网络,见图6-6所示,但企业选择跨模块合作仍然相对较少,如2012年和2016年无模块化网络生成,导致产业链模块间的合作不够紧密,见图6-2所示。这种稀松的合作关系十分不稳定,导致了网络密度、联系强度、网络(中介)中心度等指标的低值和不稳定状态,见图6-5(d)所示。

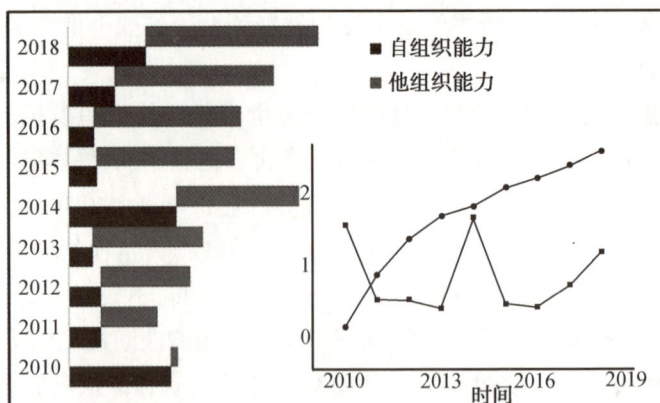

（a）

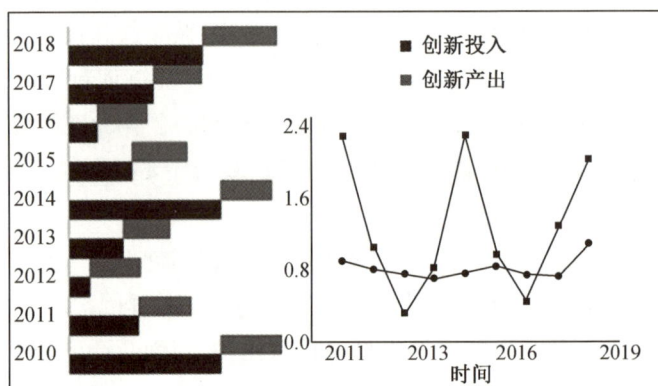

（b）

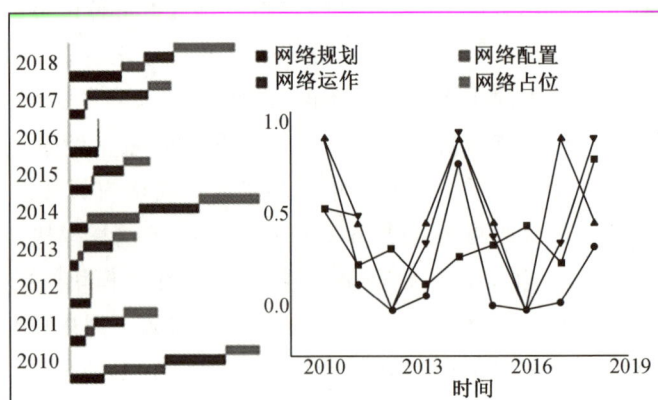

（c）

图 6-5　矢量模长对比分析

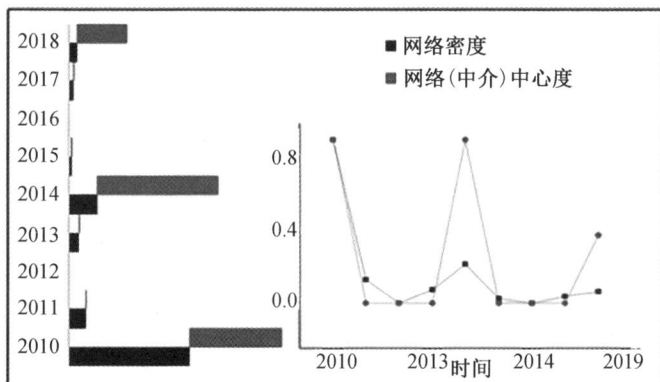

（d）

图 6-5（续）

②相对效率分析：

表 6-5 的矢量模长揭示了各指标的绝对值。为进一步比较分析各指标的相对效率，本章将所有年份各指标的无量纲化值设为 1，首先测算了创新投入、产出、环境、政策和产业链创新理论上最大值，分别为 3.205 7、1.790 4、2.147 7、1 和 2.879 8。然后，利用"实际值/理论上最大值"方法，得到表 6-6 所示的各指标不同年份的相对效率值及其均值。

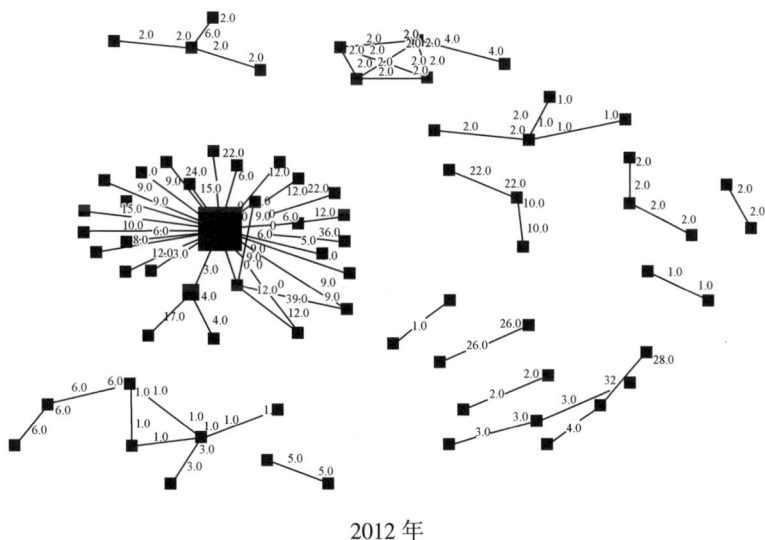

2012 年

（以 2012 年和 2016 年药品供应商模块为例）

图 6-6　模块内部合作网络

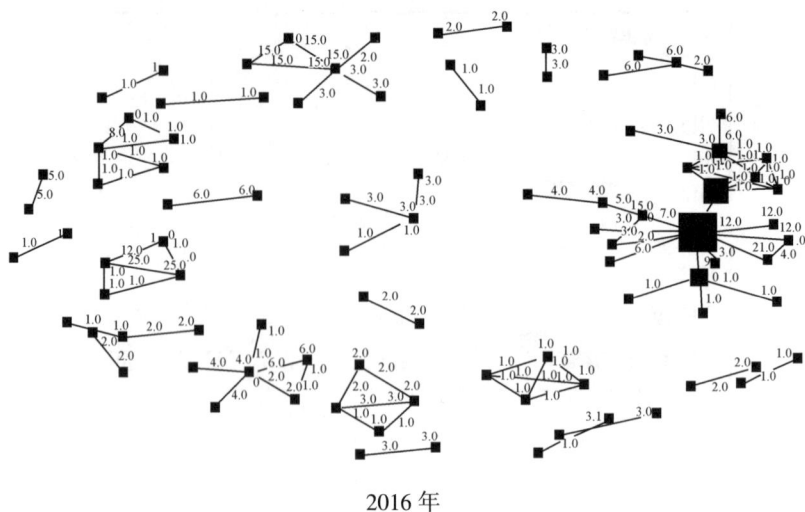

2016 年

表 6-6 二级指标不同年份的相对效率值

年份	创新投入相对效率	创新产出相对效率	环境支撑相对效率	政策扶持相对效率	产业链创新相对效率
2010	0.715 4	0.505 0	0.026 5	0.041 2	0.522 5
2011	0.327 2	0.448 6	0.220 9	0.228 2	0.284 9
2012	0.101 6	0.424 9	0.276 8	0.424 3	0.441 1
2013	0.255 3	0.395 2	0.360 8	0.637 6	0.549 9
2014	0.713 4	0.425 9	0.401 6	0.593 1	0.692 2
2015	0.298 7	0.467 3	0.379 9	0.720 4	0.680 9
2016	0.139 9	0.411 9	0.393 8	0.749 9	0.728 1
2017	0.399 2	0.409 6	0.386 9	0.790 0	0.776 5
2018	0.634 7	0.609 3	0.401 4	0.875 4	0.850 5
均值	0.398 4	0.455 3	0.316 5	0.562 2	0.614 1

从相对效率均值可知,政策扶持效率最高,创新产出次之,其后是创新投入,环境支撑排在最后。这一结果与表 6-5 的绝对值排序结果(创新投入>环境支撑>创新产出>政策扶持)不同,相对效率排序更准确和客观。政策扶持能力对大健康产业链创新的贡献是最大的,但现有政策工具的作用效率仍未达到最高,仅达到最高水平的 88%,仍有 12% 的 R&D 经费内部支出(政府资金)未产生理想效果。环境支撑能力的绝对值较大,但相对效率却最低,表明虽然大健康产业及从事 R&D 研

发的企业、人员形成了一定的规模,但实际上规模比例仍相对较小,仅达到最大规模的 40%,仍需利用政策等手段进一步刺激大健康产业的市场规模、供给规模和研发规模快速增长。2018 年,产业链创新能力的相对效率为 0.85,表明产业链创新能力处于中上等水平,但仍有 15% 的能力进步空间,需进一步提升产业链创新能力。

综上,大健康产业链创新能力得到了政策扶持的保障,但创新投入相对不足,环境支撑不够,产业链创新主体的跨界合作意识相对薄弱,亟须专有政策积极引导。此外,大健康概念尚未形成统一范式,提高公众的健康管理意识也具有挑战性。面对市场环境的不确定性,大健康企业可能面临发展转型的困境。这些因素也影响了模块企业的跨界合作创新。

本 章 小 结

2016 年,中国大健康产业 GDP 增加值增长到 9.76%,但与美国、加拿大、日本等国家仍存在一定的差距。中国大健康产业发展面临诸多问题,尤其是产业竞争和产业安全问题,拥有自主研发的技术才能保障产业持续竞争优势和产业安全。协同创新能够帮助实现大健康新产品研发的技术突破。大健康产业链协同创新已成为大健康产业竞争和产业安全保障的重要手段。大健康产业链协同创新能力是反映大健康产业链协同创新状态的重要指标。大健康产业快速发展的关键是具有较高的产业链协同创新能力。因此,本章研究了大健康产业链协同创新能力的评价。从投入、产出、环境和政策四个维度构建了评价指标体系,提出了一种基于矢量合成的动态评价模型。本研究的结果如下:

从绝对效率视角,可知大健康产业链协同创新能力虽处于持续增长状态但并不稳定。创新投入是影响大健康产业链协同创新能力不稳定的主要因素。造成这一现象的主要原因是,大健康产业链模块内部企业的合作仍然是最频繁的,产业链模块间的合作不够紧密,导致合作关系不稳定。从相对效率视角出发,可知仍需进一步提升产业链协同创新能力。同时,研究得到与绝对值排序完全不同的影响因素排序:政策扶持>创新产出>创新投入>环境支撑,该排序揭示出每种能力的作用效率和资源利用率,更为准确和客观。其中,政策扶持能力影响最大,但作用效率仅达到最高水平的 88%;大健康产业及从事 R&D 研发的企业、人员的实际规模比例仍相对较小,仅达到最大规模的 40%。

这些发现不仅对我国大健康产业发展具有参考价值,而且促进了产业链协同创新的推广。基于矢量合成的动态评价方法进一步改进了创新能力集成评价的系统方法,并为促进大健康产业竞争和安全领域的机制创新提供了理论支持。

第7章 航空航天装备制造业合作网络

7.1 航空航天装备制造业合作现状

航空航天装备制造业作为高端装备的重要桥头堡,因其在工艺精度、流程步骤、材料设备、产品质量等方面具有最高等级行业标准,通常又被称为"皇冠产业"。航空航天装备制造业在推进工业领域技术进步、带动关联产业发展、促进国家竞争力提高和国民经济发展方面具有重要战略意义;对实施创新驱动战略、提升国际竞争优势、实现制造业强国战略目标具有重要现实意义。航空航天产业因为其重要战略地位,受到国家高度重视并多次以国家科技重大专项措施推动产业高质量发展。如国务院发布的《国务院关于加快培育和发展战略性新兴产业的决定》(国发〔2010〕32 号)一文中就提到要大力推动航空装备制造业发展,力争达到世界一流水准。

我国航空产业园区数量呈增长趋势,截至目前,由 2016 年 58 个增至 2020 年 90 个,年均复合增长率为 11.6%,截至 2021 年上半年,我国航空产业园区数量达 91 个。经过 60 多年的努力,我国从"东方红""神舟五号""天宫一号"等大国重器成功发射到完善理论体系、攻克核心技术、建立完整的航空航天产业体系,已经取得了举世瞩目的成就。

从航空航天装备制造业发展历程来看,我国在 1911 年就已经进入到飞机制造领域,中国航空之父冯如 1909 年就在美国驾驶冯如 1 号成功试飞。但是受一些制约因素影响航空产业发展缓慢。1949 年新中国成立后,得益于国家的大力支持,我国的航空事业才逐渐走上快车道。2015 - 2021 年中国商业航天产业保持着 22.3%的平均复合增长率,2022 年中国商业航天的市场规模预计将突破 1.5 万亿元,中国商业航天正步入黄金时期,尤其是在国产大飞机 C919 试飞成功并投入商用后,中国航空航天装备制造开始走向国际尖端领域。

航空航天装备的关键原材料包含金属材料和复合材料两大类,以及钛合金、航空钢材、陶瓷基等特殊材料。近年来,航空材料企业加大了研发投入,技术创新能力不断增强,产品技术水平有所提高。其中部分航空材料如碳纤维技术已达到国际先进水平,相关产品也出口海外市场。航空装备产业属于技术密集型先进制造业,国家和地方不断释放各种政策红利。从 2015 年《中国制造 2025》重点发展航空装备到 2020 年《中华人民共和国国民经济和社会发展第十四个五年规划和 2035 年远景目标纲要》提出加快航空装备行业自动化以及自主化的生产建设。我国已经由开始的航空装备技术追赶向技术自主研发和领先阶段迈进,航空装备行业进入高速发展时期。同时,自 2012 年以来,在国家政策推动下我国航空产业园区已经进入快速发展阶段,根据前瞻产业园区库统计数据,航空产业园和航空装备制造相关产业园数量超过 150 个。这些航空产业园区可以覆盖通用航空产业全产业链,为航空产业的发展提供了极大支持。

航空装备制造是航空装备产业链的关键环节,我国航空航天装备制作业军用产业链和民用产业链目前已经实现互联互通。产业链上游为原材料制造和航空装备;中游为军用航空装备和民用航空装备;下游为航空装备的维修和保护以及相关服务行业。其中,碳纤维近些年已经成为航空结构应用最广泛的复合材料,被全面运用于航空航天装备制作。制作碳纤维的上游碳丝企业通过探索改善原材料材质,下游企业和研究院通过创新研发推动碳纤维技术提升,共同促成复合材料实现优越的综合性能,使其成为航空航天制造业发展的重要组成部分。

但是产业内依然存在技术壁垒尚未突破的共性技术难题。企业、大学、研究机构等创新主体为解决上述问题,立足产业基础以网络形式进行知识资源共享和共同研发合作。产学研合作网络在推动知识流动扩散,优化资源配置、完善产业链供需结构,促进高端要素集聚等方面发挥重要的作用。通过产业合作网络突破航空航天装备核心壁垒,加速成果转化是航空航天制造业实现高质量发展的重要阶段。产业合作网络演化依赖于不同时期的科技发展和技术进步水平。因此,研究产业合作网络在不同时间阶段的演化过程,深度挖掘产业创新主体合作规律,并以此为基础及时调整合作方式和研究目标对于促进航空航天装备制作业发展具有重要现实和理论意义。

7.2 航空航天装备制造业合作网络演化

专利是研究创新网络的重要客观数据,本文主要采用联合发明专利开展研究。通过专利数据库检索航空航天装备制造业 2001-2018 年的发明专利申请数据。在此基础上,对数据进行整理,按照企业、学研机构顺序整理出每个专利所包含的合作主体。为了更有效地揭示合作网络结构特征,根据航空航天装备制造业历史发展轨迹,以3年为一个周期阶段,将我国2001−2018年航空航天装备制造业合作阶段划分为2001−2003年、2004−2006年、2007−2009年、2010−2012年、2013−2015年、2016−2018年六个周期。然后把产业合作数据转换为包含企业、学研机构为节点的合作网络二值邻接矩阵,最后利用Netdraw软件绘制如图7−1、7−2、7−3所示的部分航空航天装备制造业合作网络。

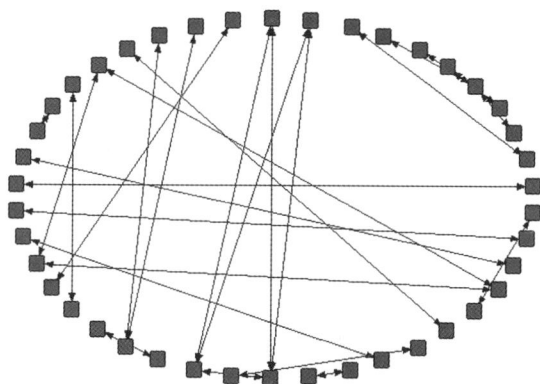

图7−1　2007−2009年航空航天装备制造业合作网络

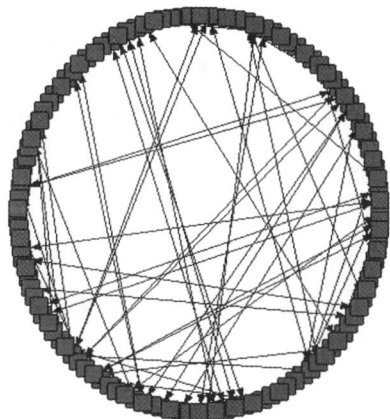

图7−2　2010−2012年航空航天装备制造业合作网络

通过图7−1、图7−2和图7−3发现,产业合作网络节点绝大多数为企业,研究机构和大学数量很少,大学集中在工科院校(如上海交通大学、西北工业大学和复旦大学),国内研究机构包含中科院、国家电网和航天研究所以及国外的株式会社、空中客车。通过图 7-3 发现,国有企业之间合作连线更加密集,原因一方面在于国有企业拥有丰富的技术资源和资金场地,通过国家立项的方式研发技术,有较高的试错率和容错率;另一方面在于国有企业在航空航天装备制造上的非营利性和保密性,专注于装备本身的研发制作。2016-2018 年产业合作网络规模虽然有小幅度下降,但网络更加紧密,联系方式更多元。企业、研究机构出现小范围集聚,集中在上海、浙江、西安、沈阳等地,这些地区装备制造业领域的基础优势强,地理交通便捷,人才资源丰富,依靠长三角一体化和东北振兴战略推进迈向中高端领域制作水准。

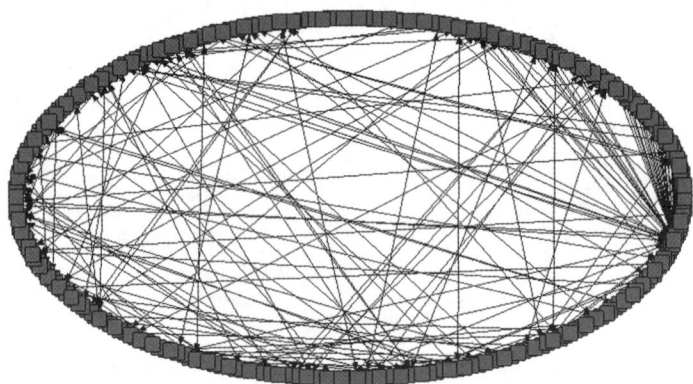

图 7-3　2013-2015 年航空航天装备制造业合作网络

为了更有效地揭示合作网络结构特征,利用 UCINET 软件计算如表 7-1 所示的航空航天装备制造业合作网络结构特征。网络结构指标和计算方法可参照 5.2.1 中的解释。

表 7-1　航空航天装备制造业合作网络结构特征

周期	网络规模	网络密度	聚类系数
2001-2003 年	0	0	0
2004-2006 年	2	1	0
2007-2009 年	42	0.056 9	0.926
2010-2012 年	122	0.033 7	1.724
2013-2015 年	289	0.018 8	2.369
2016-2018 年	253	0.027	2.83

由表 7-1 可以看出,不同阶段的产业合作网络特征有所差异。2001-2003 年我国航空航天装备制造业产业合作处于起步阶段,企业、研究机构和大学没有出现合作关系,此阶段产业合作网络还没有形成。2003 年我国成功发射了第一颗载人航天火箭"神舟五号",航空航天工程自此进入了新的发展阶段。2004-2006 年第一次出现了协同合作的产学研机构——西昌卫星发射中心和重庆大学。航空航天装备制造业从这一时期开始了产学研合作的探索之路,这一时期的合作方式、合作成果、创新投入对后续航空航天装备制造业合作发展起到了促进作用。2007 年至2015 年产业合作数量在稳步增长,产业合作网络规模从 42 到 122 再到 289,呈现出两倍到三倍的增长速度;聚类系数和度数中心势增加达到 2.369 和 0.490 7,企业、大学和研究机构之间出现了明显的集聚现象,联盟组合蔚然成风。

《第十四个五年规划和 2035 年远景目标纲要(草案)》中提出,"十四五"期间我国要全面加快武器装备升级换代,加快关键技术的突破,加速战略性、突破性装备和技术发展。2021 年我国航空装备市场规模已经达到了 1 177 亿元。航空运输和航空服务需求的不断增长为航空装备制造业的发展带来了广阔的市场空间。预计未来 10 年,全球将需要直升机 1.2 万架、支线飞机 0.27 万架、通用飞机 1.83 万架、航空装备干线飞机 1.2 万架,总价值约 2 万亿美元。

由于航空航天装备的跨学科知识、高质量标准和生产工序复杂等特性,企业或者研究机构很难依靠自身资源实现关键技术突破和成果转化,因此利用互联网和信息技术进行产业合作就成了较好的选项。作为我国具有战略性地位的产业,航空航天装备制造具有巨大发掘潜力,是实现强国强军的重要方式。但是伴随着各种不确定性因素,航空航天装备制造的发展过程依然充满风险和挑战。这就需要加强国家层面的政策资金支持,加大创新投入力度,充分发挥突破性创新在航空航天装备制造发展的驱动作用;利用区位优势建设立体交通运输网络体系,全力打造航空航天产业新高地;建立民营企业合作渠道,扩大装备制作研发队伍。

本 章 小 结

航空航天装备制造业在推动技术进步、促进产业发展、提升国家竞争力以及促进国民经济增长中担当着关键的战略角色。我国的航空航天装备制造业军用产业链和民用产业链目前已经实现了高度的互联互通,产业链上游涵盖了原材料和航空装备的制造,中游包括军用和民用航空装备的制造,下游则涵盖了维修、保护和服务行业。本章旨在建立航空航天装备制造业产业合作网络,根据历史发展轨迹将其划分为六时段,可视化网络分析发现:企业主导网络,大学多集中在工科院校、国内研究机构(如中科院、国家电网、航天研究所),还有国外企业(如株式会社和空中客车)参与;国有企业合作更密切,跨学科性和复杂的特性使企业难以独立实现关键技术突破,互联网和信息技术成为促进合作的利器。

第8章 3D打印合作网络

8.1 3D打印合作现状

  3D打印是一种快速成型技术,即利用计算机、可黏合材料、数字打印机等工具设备实现物体模仿再造,通常又被称为增材制造,具有制造成型周期短、不受场地人力限制、节能环保等优势。该技术在工业设计、地理信息系统、建筑、航空航天等领域有所应用,例如2019年美国加州大学利用3D打印技术成功制作出老鼠的脊髓骨架;2020年发射的长征五号B运载火箭上搭载着一台用于复合材料实验的3D打印机。3D打印起源于20世纪80年代,自1988年美国一家公司生产出第一台3D打印设备后,经德国、英国等国家研究改进,打印技术逐步成熟,并被各国政府视为能改变传统制造业甚至引领新一代工业革命的重要战略技术。3D打印技术也是新一代绿色高端制造业,与人工智能、智能机器人并称为实现数字化制造的三大关键技术。3D打印及其产业发展是推动新一轮数字化制造全球浪潮的重要基础,加快3D打印产业发展,将有利于国家在全球科技进步和产业竞争中占领新高地,推动我国由"科技大国"向"科技强国"转变,促进创新型国家建设。

  我国政府通过一系列的措施和政策推动3D打印发展。这些措施包含设立一系列制造业创新中心的方式提供资源和资金支持,以加速3D打印技术的应用;强调知识产权的保护,以鼓励创新和技术转让,吸引更多的国内和国际企业投资于3D打印领域;鼓励高校和研究机构开设与3D打印技术相关的课程和培训,培养更多的专业人才;鼓励国内企业与国际企业合作,分享技术和经验等。相关政策如《中国制造业创新中心建设指导意见》文件提出建立制造业创新中心的计划,以支持3D打印技术的研究和发展;《中国制造2025》计划包括支持3D打印技术的措施,旨在加速3D打印技术的升级和技术创新;《国家新型工业化示范基地建设指南》文件指导各地建立新型工业化示范基地,其中包括支持3D打印技术的计划。这些政策和措施旨在推动中国的制造业迈向更高水平,提高竞争力,并在全球3D

打印领域占据领先地位。现阶段的 3D 打印企业一般以材料供应、设备制造和打印服务的形式存在,并主要集中于工业消费领域,这是由产业发展初期技术推广和市场规模的限制所致。中短期内,这一领域仍集中在产品设计和工具制造,产业链上的专业分工会进一步深化;长期来看,产业链各环节会出现专业化的分工,专业材料供应商、打印企业和产品设计服务商分向产业链上中下游转移。

我国的 3D 打印技术发展相对晚一些,清华大学是国内最早开始研究 3D 打印技术的单位之一,西安交通大学、华中理工大学随后分别制作了基于 3D 打印的系统和设备。另外,中科院 3D 打印创新实验室、沈阳飞机设计研究所、南京增材制造研究院等研究机构也在产品设计、打印材料、三维扫描等领域开展技术攻关。大学和科研机构是 3D 技术的研究主体和发源场所,3D 打印企业通过资金支持学研机构技术研发,研发成果为企业提供技术支持。开展产学研合作,正在成为促进 3D 打印产业发展的重要方法。随着国家创新驱动发展战略的实施,3D 打印产业的重要战略地位引起政府、企业和学术界的高度关注。各省市纷纷出台政策指导文件,通过吸引投资、出台税收补贴政策、建立产业园和 3D 打印服务基地等方式推动产业发展,如出台文件《增材制造产业发展行动计划(2017—2020 年)》,建立鼎盛 3D 打印科创园等。3D 打印企业也如雨后春笋般成立,如全球消费级 3D 打印行业领导品牌创想三维(Creality),集研发生产、营销服务于一体的深圳市云图创智科技公司等,并且许多已经上市。

全球范围内的竞争就是新兴产业和高精尖技术的竞争,从创新水平产业规模到信息传播知识共享等方面的数据来看,我国 3D 打印产业与美国英国等发达国家仍然存在显著差距。如果要在竞争潮流中占据先机,提高产业整体全球竞争力,就需要跨越组织、地理和学科界限,建立产业合作创新网络。合作网络内部学研机构负责技术攻关,企业负责技术推广和资金支持,明确分工集聚发展。研究 3D 打印产业合作网络结构特征、全面科学地分析合作网络演化过程,对于推动 3D 打印产业发展提高产业整体的创新能力具有重要现实和理论意义。

8.2　3D 打印合作网络演化

专利是研究创新网络的重要客观数据,本文主要采用联合发明专利开展研究。通过专利数据库检索 3D 打印行业 2001—2018 年的发明专利申请数据。在此基础上,对数据进行整理,按照企业、学研机构顺序整理出每个专利所包含的合作主体。为了更有效地揭示合作网络结构特征,根据 3D 打印行业历史发展轨迹,以 3 年为一个周期阶段,将我国 2001—2018 年 3D 打印行业合作阶段划分为 2001—2003 年、2004—2006 年、2007—2009 年、2010—2012 年、2013—2015 年、2016—2018 年六个周期。然后把产业合作数据转换为包含企业、学研机构为节点的合作网络二值邻接矩阵,最后利用 Netdraw 软件绘制如图 8-1 至 8-3 所示的 3D 打印行业合作网络。

　　由图 8-1 可以看出,不同阶段的产业合作网络特征有所差异。从图 8-1 和图 8-2 可以发现,产学研机构地理较为邻近,大多为同一省份内部合作,如西北工业大学与陕西飞机工业公司均位于西安,大连理工大学与沈阳航空工业学院均位于大连。这表明地理邻近性是这一时期 3D 打印产业合作网络的典型特征,位于同一地理或者邻近地理的企业、大学和研究机构之间往往拥有不同的知识库和社会关系网,他们通过跨组织合作将这种社会资本转化为企业的智力资本,缩短创新研发周期,降低成本并快速占据市场份额。

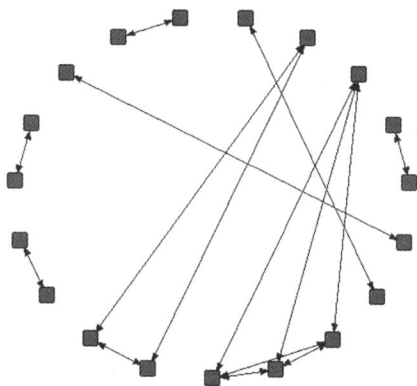

图 8-1　2007—2009 年 3D 打印产业合作网络

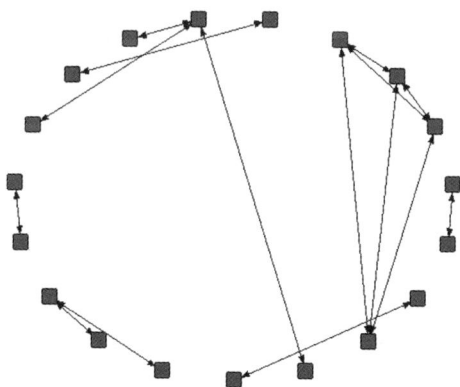

图 8-2　2010—2012 年 3D 打印产业合作网络

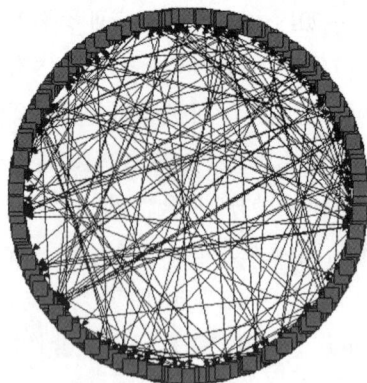

图 8-3 2013—2015 年 3D 打印产业合作网络

根据我国 3D 打印产业历史发展轨迹,以 3 年为一个周期阶段,将 2001—2018 年的 3D 打印产业合作阶段划分为 2001—2003 年、2004—2006 年、2007—2009 年、2010—2012 年、2013—2015 年、2016—2018 年六个周期。然后把产学研合作数据转换为包含企业、学研机构为节点的合作网络二值邻接矩阵,最后利用 UCINET 软件计算如表 8-1 所示的 3D 打印产业合作网络结构特征。网络结构指标和计算方法可参照 5.2.1 的解释。

表 8-1 不同周期 3D 打印合作网络结构特征

周期	网络规模	网络密度	聚类系数
2001—2003 年	4	0.5	0
2004—2006 年	5	0.8	2
2007—2009 年	19	0.0994	1
2010—2012 年	19	0.175 4	1.333
2013—2015 年	309	0.016 4	2.674
2016—2018 年	430	0.006 8	1.562

2001-2006 年我国 3D 打印产业合作处于起步阶段,企业、研究机构和大学合作数量较少,网络规模仅为 9。但仍可以发现一些产业合作特点,如与大学、研究机构合作的是医院和航天工业两类公司,且主要集中在美容及航空装备制作方面。2007—2009 年和 2010—2012 年的网络规模有小幅提高,但网络结构指标却有明显差别。2010-2012 年网络密度和度数中心势远高于 2007—2009 年,这与企业和大学、研究机构的三方合作数量有一定关系。

2013—2015 年和上一时期相比网络规模达到 309,出现了指数式增长。增长的原因与政府的大力支持直接相关。科技部在 2013 年公布的 863 计划首次将 3D 打印纳入其中,北京市科委在 2014 年提出要设置 3D 打印科技重大专项,2015 年的《中国制造 2025》进一步明确了我国将大力发展 3D 打印产业。2016—2018 年产业合作网络规模继续保持增长态势,并且出现了一些产业龙头企业,如中国石油化工集团公司、中国建筑股份有限公司等。龙头企业拥有丰富的人才储备和信息资源,具备知识吸收和在创能力,能够提高产业整体的知识溢出效应。

3D 打印技术与传统产业产品的设计制造过程完全不同,被视为诸多领域科技创新的"加速器"和支撑制造业创新发展的关键基础技术。3D 打印改变了产品的生产模式,通过云制造与大数据技术结合,加快传统制造升级,实现制造的定制化、智能化、社会化。随着不断的研究和技术的进步,3D 打印的应用领域将不断扩大,印刷材料将更加多样化,打印设备的功能也会更加完善,而且将对制造业起到巨大的推动和颠覆性的变革,助推航空、航天、能源、国防、汽车、生物医疗等领域核心制造技术的突破和跨越式发展,引领全球制造业的新一轮革命浪潮。

中国制造业正处于"中国制造"向"中国智造"过渡的转型期。由于 3D 打印技术具有降低成本、提高生产效率、优化质量等优势,中国制造企业积极引进 3D 打印技术,代替或改进原有的生产方式以此提高企业生产的智能化水平。3D 打印技术作为未来工艺制作的重要方向,我国经过近十几年的努力已经取得了一定成绩。中国 3D 打印市场规模从 2016 年的 53.8 亿元快速增长至 2020 年的 203 亿元,年均复合增长率达 39.37%。预计在政策等利好因素驱动下,2022 年其市场规模将增长至 321.6 亿元。但是,仍然存在着较多问题,如规模化生产存在难度、打印材料受限和精度质量问题等,这些问题无法依靠短期的技术发展来解决。这就需要企业积极成为市场活跃主体,直接参与 3D 打印技术领域的创新研发,加快打印技术的市场化进程;企业和大学研究机构积极合作形成协同创新网络,推进产学研一体化,实现技术和产业的深度融合;高等院校和研究机构作为我国 3D 打印技术的主要动力源,进一步提高创新能力加快打印技术普及率。

本 章 小 结

3D 打印技术,又被称为增材制造,是一种快速成型技术,依赖计算机、数字打印机和可黏合材料等工具设备,以实现物体的数字模仿再造。它是新一代绿色高端制造业之一,与人工智能和智能机器人并列为推动数字化制造的三大关键技术。

3D打印产业的发展对于全球数字化制造浪潮至关重要,加速这一行业的发展将有助于国家在科技进步和产业竞争中取得领先地位,推动中国从"科技大国"向"科技强国"的转变,促进创新型国家建设。目前,3D打印企业主要以材料供应、设备制造和打印服务为主,主要集中在工业消费领域,这在一定程度上受到技术推广和市场规模的制约。中短期内,该领域仍将侧重于产品设计和工具制造,产业链中的专业分工将进一步加深。但从长远来看,产业链各环节将进一步专业化,涌现专业材料供应商、打印企业和产品设计服务商,从而形成真正的工具平台。

在建设3D打印产业合作网络方面,本章根据历史发展轨迹将其划分为六个时段,研究发现:地理邻近性是3D打印产业合作网络的典型特征,位于同一地理或者邻近地理的企业、大学和研究机构之间往往拥有不同的知识库和社会关系网,他们通过跨组织合作将社会资本转化为企业的智力资本,缩短创新研发周期,降低成本并快速占据市场份额。然而,3D打印仍面临一些挑战,如规模化生产、材料限制和精度质量问题,这些问题需要企业积极参与技术创新、促进市场化,以及促进产业主体合作来解决。而高等院校和研究机构也应加强创新能力,提高技术普及率,从而推动3D打印技术深度融合。

政　策　篇

第9章　战略性新兴产业金融支持政策

金融支持(Financial Support)也称为财政支援或支持,是现代金融发展理论的核心内容,是国家经济增长的动力之一。Raghuram & Luigi(1998)指出:"金融系统发达国家依赖外部资金的行业增长水平显著高于欠发达国家"。而 Demetriade 等(1996)研究指出:"一些国家经济增长也会带动金融发展"。新兴产业(Emerging Industries)和主导产业(Leading Industry)是国家经济的新增长点,随着国家经济增长,国家对新兴主导产业的金融支持力度也会越来越大,基础研究 R&D 投入和成果转化经费占比持续增高。如美国能源部计划 2015—2000 年为潜在波浪和潮汐发电项目研发提供 1 720 亿美元的经费支持;每年投资 100 亿美元推动清洁技术从研发走向商业化。可见,金融支持是主导产业培育和发展的有力保障。现有的案例及研究表明金融支持能有效提高产业绩效,金融支持有利于产生产业集聚效应,金融发展将带来企业外部融资成本的降低,而金融自由化程度的提高和金融政策的实施将显著促进产业创新。

培育战略性新兴产业是建设我国现代产业体系的重要内容之一。战略性新兴产业创新需要大量金融支持保障。国外在培育战略性新兴产业创新主体的过程中,形成了一些金融支持经验,正向创新型国家转型的中国,技术创新的发展也离不开金融体系的支持。良好的金融环境以及完善的金融体系,是实现科学技术蓬勃发展、全面提高科技创新能力的重要推进器。据不完全统计,我国现有战略性新兴产业科技成果登记占比约 70%,其中未应用和停用的科技成果约为 55%,形成创新成果转化的"漏斗效应",资金不足是主要原因。2015 年 10 月"十三五"规划更是提出"更好发挥国家产业投资引导基金作用,培育一批战略性产业"和"健全分工合理、相互补充的金融机构体系"的建设思路,对战略性新兴产业金融支持体系的构建提出了严峻挑战。有效利用金融支持加速培育战略性新兴产业创新主体,成为现阶段经济转型所要解决的重点问题之一。

然而,部分学者对我国战略性新兴产业金融支持效率产生了担心,发现在资金筹集过程中,战略性新兴产业的规模效率普遍呈现递增的趋势,资金规模有待进一步扩大,融资渠道需要进一步拓展,但资金配置的规模效率存在递减问题,其原因在于培育战略性新兴产业的资金配置过程存在不合理状况,资金使用可能存在闲置和浪费。亚洲制造业协会会长陈佳贵(2012)认为一味地急于获取金融支持,使战略性新兴产业创新主体对产业发展的关键技术、重点环节重视不够,加之创新过程中的投入不足、急于产业化现象,导致了战略性新兴产业"两头在外"的价值链布局,即我国战略性新兴产业处于价值链的低端制造环节,产业链上下游脱节、产业链供需结构失衡、高端产业中低端化,违背了发展战略性新兴产业的初衷。目前资金投向的不合理也是导致光伏等产业产能过剩的原因之一。虽然,学者们验证了支持效率低下现象的存在,且相关研究不断更新,但鲜有学者进一步开展新兴产业创新的金融支持机理研究,探究其金融支持效率低下的"灰箱"。战略性新兴产业创新主体与金融支持主体具有不同的学科背景、知识属性和生产空间,二者之间仅存在不可控的"微妙"监督关系,合作过程中难以避免发生搭便车现象和机会主义行为。这些因素成为干扰金融支持效率的关键因素,阻碍了产业创新主体与金融支持主体形成共同价值观和共性语言,压缩社会资本积累。单纯的产业政策(补贴)难以收到预期效果,新兴产业培育(发展扶持)政策需要精心设计并不断优化,才有可能收到预期目标。因此,在我国战略性新兴产业金融支持存在诸多问题时,进一步探究其"背后原因"的战略性新兴产业金融支持机理势在必行,有利于深入揭示影响战略性新兴产业创新金融支持效率的原因,把握战略性新兴产业金融支持演化规律,为政策设计奠定基础。

从现有的研究来看,当前学者更多关注于产业金融支持的投入机理研究,探究产业金融支持的决定因素,强调技术创新是吸引产业金融支持的关键因子,而产业政策是政府催发产业金融支持的信号和有效手段,是政府与产业主体之间的互动纽带,但政策存在重复问题,使得政策目标与获取金融支持的企业行为可能产生不一致。Ferto(2017)认为政府的金融支持(财政补贴)可以在短期内缓解产业资本市场的缺陷,而Barbosa(2018)却对缓解市场失灵的金融支持(公共财政支助方案)效率产生了怀疑。一些学者实证发现金融支持对产业可持续发展具有积极作用,另一些学者则认为产业金融支持投入不合理,导致产业主体存在违约现象;在着重剖析战略性新兴产业(金融支持)政策对企业(创新)投资行为的影响时,部分学者也发现产业(金融支持)政策具有较复杂的积极或抑制影响,其不确定性加剧了企业融资约束预期,显著降低了企业投资行为。可见,已有的产业金融支持投入研究结果喜忧参半,政府主体与产业主体的金融支持关系复杂,仍需进一步明晰产业金融支持投入的判别机理。虽然,以往的研究已经认识到战略性新兴产业金融支持的多主体参与特性,但是其更多聚焦于政府政策对企业创新行为的影响分析,对于产业创新主体与金融支持主体的交互行为等问题还缺乏深入剖析。同时,学者们对金融支持机理的研究仍受限于金融支持主体和产业创新主体的理性假设,探讨战略性新兴产业金融支持的积极投入行为,基于有限理性(机会主义行为)假设的研究较少。现实合作过程中机会主义行为频发,而导致这一现象的动机就是合作双方的"有限理性"心理。

因此,本章在战略性新兴产业金融支持大力发展的宏观背景下,从产业"两头在外"、产能过剩等供给现象出发,探究金融支持存在的微观"机会主义行为"问题,尝试从以下三个方面对战略性新兴产业创新的金融支持进行探讨:一是,战略性新兴产业创新金融支持机理的剖析;二是,战略性新兴产业金融支持模型的构建;三是,如何对战略性新兴产业金融支持进行有效治理,提升金融支持效率。

9.1　研究现状及双螺旋耦合机理

9.1.1　战略性新兴产业金融支持研究现状

国外学者研究"战略性新兴产业"的外延相对较为广泛,缺少相对明确的范式研究。而国内实践界和学术界对战略性新兴产业的认知却相对明晰,主要界定为对本国、本地区有重大、长远影响,能够带动本国、本地区经济发展的新兴产业。

目前,战略性新兴产业已成为学术界关注的热点问题,而国内学者罗晓梅等(2015)则通过经典文献构成的核心理论演化路径显示"金融支持"是战略性新兴产业核心理论演进的"主线"。关于战略性新兴产业金融支持的研究主要集中于:

(1)战略性新兴产业金融支持绩效与效率,如 C Li(2014)认为金融支持在战略性新兴产业的发展过程中起着导向和支持作用,并运用 DEA-Tobit 模型分析影响广东战略性新兴产业金融支持效率的因素,实证结果表明广东金融支持综合效率均值偏低,财政补贴、税收优惠和政府采购有利于提高支持效率;徐枫和周文浩(2014)基于 DEA 和 Logit 模型研究新能源产业金融支持绩效评价,以期解决金融支持渠道的产能过剩问题;马军伟(2014)通过 Malmquist 效率模型测算我国战略性新兴产业金融支持总体效率,发现支持效率呈下降趋势,没有实现规模经济效应;

(2)战略性新兴产业金融支持体系与模式,如 CP Liu et al(2014)认为战略性新兴产业的快速发展需要建立一个完善的金融支持体系,充分发挥金融支持的作用,其还分析了战略性新兴材料产业的特点,提出了不同产业生命周期阶段的融资政策;Soogwan D & Byungkyu K(2014)探讨了政府金融支持政策对韩国区域战略性产业中小企业创新的影响,研究表明政策与创新存在正相关关系;顾海峰(2011)基于生命周期构建了战略性新兴产业演进的直接金融层面和间接金融层面政策性金融支持体系;闫泽滢(2014)基于不同自主创新阶段的资本需求特征构建我国战略性新兴企业的财政金融联动支持模式,有效解决资金欠缺和整合问题;

(3)战略性新兴产业金融支持的机理与机制,如杜勇等(2014)识别战略性新兴产业微观主体协同创新存在的道德风险、产权风险、协调风险、资金风险、技术风险、环境风险等风险源,并设计其控制机制。可见,战略性新兴产业金融支持研究主要以实证和定性分析为主,缺少对产业创新主体培育视角的认知,鲜有学者运用理论建模和数值仿真的方法剖析战略性新兴产业金融支持机理。

此外,也有学者发现金融支持对企业创新产出(创新销售收益、专利、新的设计注册、新产品等)产生直接影响,有利于提高企业创新能力,培养新企业的竞争优势。可见,金融支持对创新产出(收益)也产生直接影响,但鲜有学者以战略性新兴产业为对象开展深入研究,且这些验证研究仍无法深入揭示金融支持主体与战略性新兴产业创新主体间"有限理性"的交互(过程:投入-产出)[①]行为机理(耦合关系)。还有学者借助共生、评价等模型探讨金融支持的正外部性机理。但这些模型都是从宏观视角出发,对包含有限理性的多主体微观合作行为关注较少。为解决上述问题,本章首次尝试构建体现"有限理性"交互行为机理的两阶段演化博弈模型,包含金融支持和战略性新兴产业创新两类主体、金融支持投入(不投入、积极或消极投入)和创新收益产出(收益函数)两个行为,并在两阶段博弈策略拓展、传统演化博弈的复杂动态方程的基础上,运用"复制动态方程组"的概念和动态系统相平面理论,实现了两阶段演化博弈建模、求解和仿真,研究产业创新主体培育视角下战略性新兴产业金融支持机理,剖析战略性新兴产业创新主体的金融支持规律,挖掘提升战略性新兴产业金融支持效率的关键因素,为政府制定相关决策提供了理论基础。

9.1.2 战略性新兴产业金融支持主体间的双螺旋耦合机理

目前,学术界关于金融支持概念的界定还没有统一,且较为模糊,缺少学术规范性,普遍将金融支持理解为金融支持政策、金融支持模式和金融运行机制等表象研究内容,鲜有学者对金融支持概念进行深入剖析。"支持"在百度百科中解释为支撑、供应和赞同鼓励,故借鉴现有的相关研究本章认为,金融支持是以金融支持政策为支撑,通过资本市场融资,借助金融补贴、信贷等供给工具为产业、地区和企

---

① 投入指创新投入行为积极性和资金的利用率,而产出则指创新收益。

业发展提供的一系列制度安排。战略性新兴产业创新主体主要是指(主导、新兴)产业网络一般结构中具有产业链(技术)供给关系的上游-中游-下游企业、横向竞合关系的同行企业及环境支撑作用的学研机构等掌握关键核心技术的主体。这些主体的培育有利于实现战略性新兴产业的技术、产品、服务和商业模式创新,满足新兴市场的复杂需求。而产业创新主体培育视角下战略性新兴产业金融支持则是指政府或金融机构等金融支持主体为提升战略性新兴产业创新主体创新能力、生产效率而利用补贴、信贷等金融工具创造战略性新兴产业创新主体创新培育条件的一系列正式或非正式的、暂时或长久的行为规则。

战略性新兴产业创新主体作为产业升级和转型的驱动力量,其技术、产品、知识创新过程需要大量资金,而金融支持主体为其培育和发展提供了资金帮助,推动了战略性新兴产业能级跃迁,两类主体在合作过程中(谈判、投资、监督等)交互博弈,寻求利益均衡。这一机理在产业(集群、创新网络等)群体中随技术、产品、知识扩散而被同类主体模仿、复制,在金融支持(市场、社会网络等)群体中随客户流失、社会资本而被同类主体模仿、复制,最终形成两类群体多元化演进态势。战略性新兴产业创新主体与金融支持主体之间的博弈是一种包含(期望)动力和机会行为的双螺旋耦合关系,如图9-1所示。

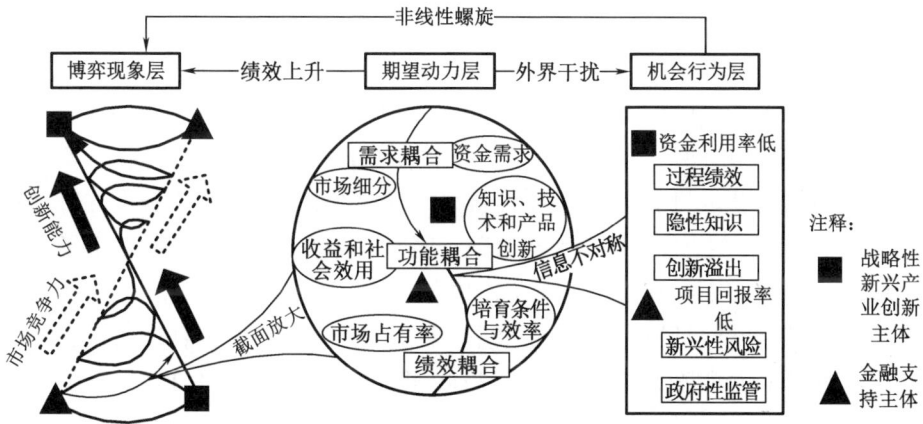

图9-1 战略性新兴产业创新主体与金融支持主体的双螺旋耦合

产、学、研等战略性新兴产业创新主体亟须创新资金,政府、银行等金融支持主体为了推动产业发展、扩大业务量则需要进一步细分(通用性和专用性)金融市场,二者首先完成需求耦合,建立合作关系(第一阶段博弈)。如美国对从事环保技术创新的主体给予超级基金(Super Fund)、信任基金(Trust Fund)、示范补贴、贷款、减免税、财政补助、低息贷款、债券、基金、股票等多种投融资优惠政策,且强调多政策间的协调。国内地方政府在国家政策的引导下，也纷纷出台了培育战略性新兴产业创新主体的金融支持规定和办法，如江苏无锡新区物联网产业投入 10 亿元专项资金，对存在融资不足问题的技术核心企业给予 3 年贷款贴息或一定比例的注册资本金配套。而我国各大银行也纷纷推出了针对战略性新兴产业创新的金融产品，如无形资产抵押贷款等，十二五期间国内贷款占据战略性新兴产业资金来源的 32%。同时，("三集"①、租赁)债权、(产权交易、风险投资)股权也成了战略性新兴产业创新的新兴融资渠道，但资金来源占比不足 3%。可见，政府和银行仍是最主要的金融支持主体(资金占比约 88%)。

在需求共生的导向下，战略性新兴产业创新主体和金融支持主体利用信贷、补贴等金融产品完成(知识、技术和产品等)创新和(收益、社会效用等)增值功能耦合，实现系统协同倍增(第二阶段博弈)。大量微观主体行为集聚涌现宏观现象。因战略性新兴产业具有高收益特点，吸引了大量资本流入产业。据不完全统计，十二五期间我国战略性新兴产业固定资产投资(社会效用的部分体现)年均增速达 20.3%，而产业增加值(创新的折现)年均增速高达 27.7%，且 2015 年增加值占 GDP 比重约为 8%。因此，即使金融支持主体增值较小，战略性新兴产业主体创新效用仍十分明显，系统仍表现出明显的协同倍增现象。

但在"1+1>2"过程中，受博弈双方社会角色差异、利益差异化等信息不对称的影响，战略性新兴产业创新主体将因隐性知识编码困难、过程绩效难以监控等干扰因素产生资金不充分利用、创新成果非法溢出等机会行为，而金融支持主体也常常因战略性新兴产业风险较大、政府监管严格等原因产生项目投资回报率低的错估机会行为，阻碍了协同系统的线性叠加，催生了系统(利益分配、品牌效应等)绩效耦合的非线性变化。目前，我国战略性新兴产业融资结构仍以国家资金支持、国有商业银行的借款为主，社会资本参与有限。同时，(中小型)民营企业在市场准入、扶持资金获取等方面存在不公平竞争现象，金融支持主体更愿意让资金涌入国有企业或科研机构，造成民营企业进入壁垒。而国有企业因自身的社会角色和地位，容易出现融入资金的不充分利用现象，影响了金融支持效率，如 2012—2013 年江西省两批战略性新产业资金扶持的 80 个项目仍有 17 个项目投资进度未达到 50%，究其原因是部分企业申报项目积极，获得资金扶持后却未能按原定计划实施，个别设区市存在"重争取、轻推进"的现象，导致项目建设进展缓慢。可见，战略性新兴产业创新主体与金融支持主体之间的博弈是一个多主体交互、多阶段递进、多要素协同的复杂、非线性演进过程。

---

① "三集"指集合债券、集合票据、集合信托融资。

9.2　战略性新兴产业金融支持的两阶段演化博弈模型

9.2.1　两阶段博弈和演化博弈模型的引入

两阶段博弈模型是分析多主体交互、多要素协同、多阶段递进的有效方法,如冉翠玲(2010)构建了制造商与两个零售商之间的竞合博弈模型,从主体先后视角揭示多主体间的博弈关系;窦一杰(2015)构建了基于"产量—价格"的营销博弈模型,从要素优先视角反映买卖双方的博弈行为;俞晓晶(2010)则构建了基于"对口支援—长效合作"的时序博弈模型,直接从事件发生先后视角探讨了博弈的过程性。可见,现有的两阶段博弈研究聚焦于主体、要素、过程等支付策略从(第一个零售商、产量、对口支援)第一阶段至(第二个零售商、价格、长效合作)第二阶段的拓展方面,充分表达了博弈双方的复杂交互行为。在多因素背景下,如何构建一个包含要素和过程的两阶段博弈整合模型,成为现阶段研究的关键。

战略性新兴产业金融支持也是一个产业主体与金融主体(收入、声誉等)多要素协同、(支持决策、力度等)多阶段递进的复杂交互行为。因此,本章在已有研究基础上,将金融支持决策(是否支持?)、支持力度(支持态度?)作为两阶段博弈的支付策略,而将收入、声誉等要素有机融入支付(收益)矩阵,构建战略性新兴产业金融支持的两阶段博弈整合模型,揭示博弈双方的策略选择过程。然而,现有的两阶段博弈主要是在博弈方整体行为特征假设的基础上,运用逆序求解方法(纳什均衡)推算最优策略,忽略了博弈方群体的动态变化特性。同时,在技术、知识扩散效应的作用下,战略性新兴产业金融支持博弈双方往往表现出一定的群体性模仿特征,随着空间集聚、跨界合作的频发博弈方群体模仿规模不断扩大,而这一特征在逆序求解方法当中也无法体现出来,故需要选择一种恰当的博弈求解方法探究两阶段博弈模型的最优策略解。

演化博弈模型能够利用复制动态方程刻画两个博弈方群体支付策略占比的非线性变化过程,据此揭示群体性进化的复杂规律。可见,基于战略性新兴产业创新主体和金融支持主体群体性特征,能够运用演化博弈模型求解两阶段博弈的最优策略。但传统演化博弈的复制动态方程只能解决第一阶段的 ESS(进化稳定策略)求解,难以表述"两阶段"过程解。因此,本章构建两阶段演化博弈模型框架,借助微分方程组概念确定两阶段演化博弈的"复制动态方程组",求解战略性新兴产业创新主体和金融支持主体两博弈方的"支持决策—支持力度"两阶段博弈最优策略(占比),揭示不同阶段采用不同支付策略的群体性(模仿、复制等)选择行为。

9.2.2 两阶段演化博弈模型的构建与求解

(1)第一阶段博弈的基本假设

局中人:假设存在(政府通用性或金融机构专用性)金融支持主体和战略性新兴产业创新主体(企业、学研机构)两类局中人;

博弈策略:金融支持主体选择支持和不支持两种策略,战略性新兴产业创新主体具有接受和不接受支持两种策略,形成了{(支持,接受)、(支持,不接受)、(不支持,接受)、(不支持,不接受)}博弈策略空间;

支付矩阵:第一阶段的博弈支付矩阵如图9-2(a)所示。在(支持,接受)策略组合下,当战略性新兴产业创新主体采用接受策略时,其收益为 V_{11},而金融支持主体将产生收益 U_{11};在(支持,不接受)策略组合下,金融支持主体将产生 $-C_i(i=5$ 或 6)的交易成本,战略性新兴产业则维持自有资金 R 的生产收益 $T_1R(T_1$ 为资金用于生产的利润率);而在金融支持主体采用不支持策略下,无论战略性新兴产业主体采用接受或不接受策略,金融支持主体的机会收益都为 $pk+\varphi(p$ 为补贴金额 k 的机会收益率[①], φ 为机会(社会)效应且考虑战略性新兴产业的重要性,假设 φ 小于金融支持主体通过补贴战略性新兴产业获取的社会(声誉)效用 u),战略性新兴产业仍维持自有资金 R 的生产收益 T_1R。

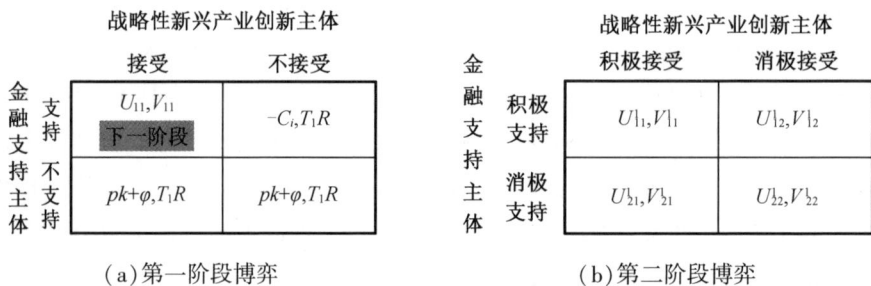

（a）第一阶段博弈　　　　　　　　　（b）第二阶段博弈

图9-2　金融支持影响战略性新兴产业创新主体培育的两阶段博弈模型

---

① 由于补贴资金通常包含通用性金融支持和专用性金融支持两部分,政府属于非营利机构、政府补贴(无偿资助(基金)、全额贴息、(国企)投资入股)资金属于公共资源,故一般不会产生利息,而金融机构支持资金的利息则趋于利率 a,进而通用性金融支持和专用性金融支持整合的补贴资金利率均值 p 应低于利率 a,且政府补贴资金占比越大,p 越小于 a。

（2）第二阶段博弈的基本假设

在第一阶段（支持，接受）策略组合（角点均衡）决策作用下，金融支持主体和战略性新兴产业创新主体将进入第二阶段（一般均衡）合作态度的博弈分析。

局中人：采用第一阶段支持和接受策略的金融支持主体和战略性新兴产业创新主体两类参与人；

博弈策略：金融支持主体采用积极支持和消极支持两种策略，战略性新兴产业创新主体采用积极接受和消极接受两种策略，形成了｛（积极支持，积极接受）、（积极支持，消极接受）、（消极支持，积极接受）、（消极支持，消极接受）｝博弈策略空间；

支付矩阵：第二阶段博弈支付矩阵如图 9-2（b）所示。其中，U_{11}^1、U_{12}^1、U_{21}^1、U_{22}^1 分别表示金融支持主体在对方采用（积极接受或消极接受）不同策略下自身采取（积极支持或消极支持）不同策略的收益；V_{11}^1、V_{12}^1、V_{21}^1、V_{22}^1 则分别表示战略性新兴产业创新主体在对方采用（积极支持或消极支持）不同策略下自身采取（积极接受或消极接受）不同策略的收益。

同时，为了构建上述（收益）支付函数，设定如下变量：

k 表示金融支持主体的补贴金额；R 表示产业主体的自有资金金额；

T_1 表示资金用于生产（创新）的利润率，其受市场需求的正向影响，销售量、销售价格等反映市场需求的因素越大，资金利用率越高，其产生的利润越大。而战略性新兴产业往往处于成长期，其生产的高利润率主要来源于高度的市场（需求）增长。因此，市场需求和利润率具有正相关关系。同时，考虑市场需求具有高度复杂性和多样性，故本章假设市场需求仅为利润率 T_1 的内生变量，不在博弈模型中进一步引入；T_2 表示补贴资金用于生产（创新）外活动的利润率；

a 表示补贴金额的利率；u 表示支持主体通过补贴获取的社会（声誉）效用；

C_j 表示金融支持主体在第 j 种策略组合中的交易成本，且 $j=1,2,3,4$；

b_j 表示产业主体在第 j 种策略组合中的交易成本，且 $j=1,2,3,4$；

于是，支付函数分布如下：

$$U_{11}^1 = ak+u-C_1$$

$$V_{11}^1 = (k+R)T_1-ak-b_1$$

$$U_{12}^1 = ak-C_2$$

$$V_{12}^1 = RT_1+kT_2-ak-b_2$$

$$U_{21}^1 = ak-C_3$$

$$V_{21}^1 = (k+R)T_1-ak-b_3$$

$$U_{22}^1 = ak - C_4$$

$$V_{22}^1 = RT_1 + kT_2 - ak - b_4$$

（3）模型均衡解分析

演化稳定策略 ESS（evolutionary stable strategy）指金融支持种群和战略性新兴产业创新种群的大部分成员所采取某种组合策略，这种策略带来的收益为其他策略所不及。博弈主体间的"机会主义行为"是导致金融支持效率不高的主要原因，而在急于产业化时大力获取金融支持、资金投向的不合理（忽视产业关键技术和创新过程中的投入不足）又是导致战略性新兴产业产能过剩、"两头在外"的关键因素。因此，本章以反映金融支持主体和战略性新兴产业主体协同创新的（积极支持，积极接受）组合策略为 ESS 演化稳定策略，利用基于该策略采纳占比的复制动态方程组求解 ESS 稳定策略并明晰 ESS 演进路径，基于形式（控制）参数优化赋值的对比实验分析，寻求降低博弈双方机会主义和搭便车行为的优化策略，进而提升产业创新效率，有利于战略性新兴产业创新主体突破关键技术研发。

令 x 和 $1-x$ 分别表示金融支持群体中采用支持和不支持策略的局中人比例，x_1 和 x_2 分别表示采用支持策略的群体中，采用积极支持和消极支持策略的局中人比例，且 $x = x_1 + x_2$，则采用不支持策略的局中人比例为 $x_3 = 1 - x_1 - x_2$。同理，战略性新兴产业群体中采用积极接受、消极接受和不接受策略的局中人比例为 y_1、y_2 和 $y_3 = 1 - y_1 - y_2$。

于是，金融支持主体采用"积极支持""消极支持""不支持"策略的期望得益 Π_{JZ}、Π_{XZ}、Π_{NZ} 和金融支持群体平均得益 Π_Z 分别为：

$$\Pi_{JZ} = y_1 U_{11}^1 + y_2 U_{12}^1 + (1-y_1-y_2)(-C_5) = (\alpha k + u + C_5 - C_1)y_1 + (\alpha k + C_5 - C_2)y_2 - C_5$$

$$\Pi_{XZ} = y_1 U_{21}^1 + y_2 U_{22}^1 + (1-y_1-y_2)(-C_6) = (\alpha k + C_6 - C_3)y_1 + (\alpha k + C_6 - C_4)y_2 - C_6$$

$$\Pi_{NZ} = y_1(pk+\varphi) + y_2(pk+\varphi) + (1-y_1-y_2)(pk+\varphi) = (pk+\varphi)$$

$$\Pi_Z = x_1 \Pi_{JZ} + x_2 \Pi_{XZ} + (1-x_1-x_2)\Pi_{NZ}$$

战略性新兴产业创新主体"积极接受""消极接受""不接受"策略的期望得益 Π_{JJ}、Π_{XJ}、Π_{NJ} 和战略性新兴产业群体平均得益 Π_J 分别为：

$$\Pi_{JJ} = x_1 V_{11}^1 + x_2 V_{21}^1 + (1-x_1-x_2)T_1 R = ((T_1-a)k-b_1)x_1 + ((T_1-a)k-b_3)x_2 + T_1 R$$

$$\Pi_{XJ} = x_1 V_{12}^1 + x_2 V_{22}^1 + (1-x_1-x_2)T_1 R = ((T_2-a)k-b_2)x_1 + ((T_2-a)k-b_4)x_2 + T_1 R$$

$$\Pi_{NJ} = x_1 T_1 R + x_2 T_1 R + (1-x_1-x_2)T_1 R = T_1 R$$

$$\Pi_J = y_1 \Pi_{JJ} + y_2 \Pi_{XJ} + (1-y_1-y_2)\Pi_{NJ}$$

则金融支持主体的复制动态方程组（1）为：

$$\frac{dx_1}{dt} = x_1(\Pi_{JZ} - \Pi_Z)$$

$$= x_1((1-x_1)\Pi_{JZ} - x_2\Pi_{XZ} - (1-x_1-x_2)\Pi_{NZ})$$

$$= x_1[(1-x_1)[(ak+u+C_5-C_1)y_1+(ak+C_5-C_2)y_2-C_5-pk-\varphi]-$$

$$x_2[(ak+C_6-C_3)y_1+(ak+C_6-C_4)y_2-C_6-pk-\varphi]]$$

$$\frac{dx_2}{dt} = x_2(\Pi_{XZ}-\Pi_Z)$$

$$= x_2((1-x_2)\Pi_{XZ} - x_1\Pi_{JZ} - (1-x_1-x_2)\Pi_{NZ})$$

$$= x_2[(1-x_2)[(ak+C_6-C_3)y_1+(ak+C_6-C_4)y_2-C_6-pk-\varphi]-$$

$$x_1[(ak+u+C_5-C_1)y_1+(ak+C_5-C_2)y_2-C_5-pk-\varphi]] \qquad (公式1)$$

$$dx_3/dt = 1 - dx_1/dt - dx_2/dt$$

战略性新兴产业创新主体的复制动态方程组(2)为：

$$\frac{dy_1}{dt} = y_1(\Pi_{JJ}-\Pi_J)$$

$$= y_1((1-y_1)\Pi_{JJ} - y_2\Pi_{XJ} - (1-y_1-y_2)\Pi_{NJ})$$

$$= y_1[(1-y_1)[((T_1-a)k-b_1)x_1+((T_1-a)k-b_3)x_2]-$$

$$y_2[((T_2-a)k-b_2)x_1+((T_2-a)k-b_4)x_2]]$$

$$\frac{dy_2}{dt} = y_2(\Pi_{XJ}-\Pi_J)$$

$$= y_2((1-y_2)\Pi_{XJ} - y_1\Pi_{JJ} - (1-y_1-y_2)\Pi_{NJ})$$

$$= y_2[(1-y_2)[((T_2-a)k-b_2)x_1+((T_2-a)k-b_4)x_2]-$$

$$y_1[((T_1-a)k-b_1)x_1+((T_1-a)k-b_3)x_2]] \qquad (公式2)$$

$$dy_3/dt = 1 - dy_1/dt - dy_2/dt$$

假设方程组(1)中$\dfrac{dx_1}{dt}=0$、$\dfrac{dx_2}{dt}=0$，并将对应的支付函数代入方程组(1)得到金融支持主体的进化稳定策略解为：

$$x_1^* = 0 \text{ 或 } x_1^* = 1 - x_2((\Pi_{XZ}-\Pi_{NZ})/(\Pi_{JZ}-\Pi_{NZ}))$$

$$x_2^* = 0 \text{ 或 } x_2^* = 1 - x_1((\Pi_{JZ}-\Pi_{NZ})/(\Pi_{XZ}-\Pi_{NZ}))$$

$$x_3^* = 1 - x_1^* - x_2^*$$

于是，金融支持主体可能存在的 ESS 点(x_1^*,x_2^*,x_3^*)为$(0,0,1)$、$(0,1-x_1((\Pi_{JZ}-\Pi_{NZ})/(\Pi_{XZ}-\Pi_{NZ})),x_1((\Pi_{JZ}-\Pi_{NZ})/(\Pi_{XZ}-\Pi_{NZ})))$、$(1-x_2((\Pi_{XZ}-\Pi_{NZ})/(\Pi_{JZ}-\Pi_{NZ})),0,x_2((\Pi_{XZ}-\Pi_{NZ})/(\Pi_{JZ}-\Pi_{NZ})))$、$(1-x_2((\Pi_{XZ}-\Pi_{NZ})/(\Pi_{JZ}-\Pi_{NZ})),1-x_1((\Pi_{JZ}-\Pi_{NZ})/(\Pi_{XZ}-\Pi_{NZ})),x_1((\Pi_{JZ}-\Pi_{NZ})/(\Pi_{XZ}-\Pi_{NZ}))+x_2((\Pi_{XZ}-\Pi_{NZ})/(\Pi_{JZ}-\Pi_{NZ}))-1)$。

同理，假设方程组（2）中 $\dfrac{dy_1}{dt}=0$、$\dfrac{dy_2}{dt}=0$，并将对应的支付函数代入方程组（2）得到战略性新兴产业创新主体的进化稳定策略解为：

$$y_1^*=0 \text{ 或 } y_1^*=1-y_2((\Pi_{XJ}-\Pi_{NJ})/(\Pi_{JJ}-\Pi_{NJ}))$$

$$y_2^*=0 \text{ 或 } y_2^*=1-y_1((\Pi_{JJ}-\Pi_{NJ})/(\Pi_{XJ}-\Pi_{NJ}))$$

$$y_3^*=1-y_1^*-y_2^*$$

于是，战略性新兴产业创新主体可能存在的 ESS 点 (y_1^*,y_2^*,y_3^*) 为 $(0,0,1)$、$(0,1-y_1((\Pi_{JJ}-\Pi_{NJ})/(\Pi_{XJ}-\Pi_{NJ})),y_1((\Pi_{JJ}-\Pi_{NJ})/(\Pi_{XJ}-\Pi_{NJ})))$、$(1-y_2((\Pi_{XJ}-\Pi_{NJ})/(\Pi_{JJ}-\Pi_{NJ})),0,y_2((\Pi_{XJ}-\Pi_{NJ})/(\Pi_{JJ}-\Pi_{NJ})))$、$(1-y_2((\Pi_{XJ}-\Pi_{NJ})/(\Pi_{JJ}-\Pi_{NJ})),1-y_1((\Pi_{JJ}-\Pi_{NJ})/(\Pi_{XJ}-\Pi_{NJ})),y_1((\Pi_{JJ}-\Pi_{NJ})/(\Pi_{XJ}-\Pi_{NJ}))+y_2((\Pi_{XJ}-\Pi_{NJ})/(\Pi_{JJ}-\Pi_{NJ}))-1)$。

基于上述分析，发现两阶段演化博弈求解过程中存在两个问题：①运用传统凹函数求导方法无法解出复杂动态方程（$dx_1/dt=0$、$dx_2/dt=0$、$dy_1/dt=0$、$dy_2/dt=0$）的解析解；②解析解的无法表达使得难以确定传统动态相位图的分界阈值，导致无法运用 ESS 组合策略动态相位图揭示两阶段演化博弈解的分布及演进规律。这些问题往往阻碍学者们进一步探讨两阶段演化博弈的求解。然而，诸多国内外学者在研究传染病传播 SIR 及其扩展和应用模型中通过引入动态系统的相平面和相轨道方法，深入探讨了传播者与未传染者数量、（类似复制动态方程）在相平面（类似 ESS 组合策略动态相位图）上解的性质，为求解两阶段演化博弈提供了思路。

在考虑传统演化博弈主要剖析 ESS 组合策略演化规律的基础上，本章构建如下函数的微分方程（3）：

$$\frac{dx_1}{dy_1}=\frac{dx_1/dt}{dy_1/dt}=\frac{x_1[(1-x_1)[Ay_1+B]-Cy_1-D]}{y_1[(1-y_1)[Ex_1+F]-Gx_1-H]} \qquad （公式3）$$

其中，$A=ak+u+C_5-C_1$、$B=(ak+C_5-C_2)y_2-C_5-pk-\varphi$、$C=x_2(ak+C_6-C_3)$、$D=x_2[(ak+C_6-C_4)y_2-C_6-pk-\varphi]$、$E=(T_1-a)k-b_1$、$F=((T_1-a)k-b_3)x_2$、$G=y_2((T_2-a)k-b_2)$、$H=y_2((T_2-a)k-b_4)x_2$。

为了求解（3）式，假设金融支持主体和战略性新兴产业创新主体都具有风险中性、支付理性的典型特征，于是 $T_1=T_2$、$C_5=C_6$、$C_2=C_4$、$b_3=b_4$。同时，令 $y_2=(C_5+pk+\varphi)/(ak+C_5-C_2)$、$k=b_3/(T_1-a)$，则 $B=D=F=H=0$。微分方程（3）退化为微分方程（4）：

$$\frac{dx_1}{dy_1}=\frac{x_1[(1-x_1)Ay_1-Cy_1]}{y_1[(1-y_1)Ex_1-Gx_1]} \qquad （公式4）$$

虽然方程（4）是简化后的微分方程，但相比传统演化博弈微分方程（$[x_1*(1-$

x_1)$*f(y_1)$]/[$y_1*(1-y_1)*g(x_1)$],其中 f、g 是关于 y_1、x_1 的函数)更为复杂,其仍保留了两阶段演化博弈的变量系数特征。

求解(4)式,得到 $x_1(y_1)$ 的解析表达式(5)为:

$$x_1(y_1) = -((-A+C)/A) + (G+e(-1+y1))A/eC(1) \tag{公式5}$$

令初始解 $x_1(0)=0$,则(5)式变为表达式(6):

$$x_1(y_1) = -((-A+C)/A) + (G+e(-1+y1))A/e\frac{(-A+C)/A}{(G-e)A/e} \tag{公式6}$$

考虑公式(6)结构复杂且参数较多,本章运用 Mathematica7.0 绘制不同参数赋值下相平面,统计得到如图9-3所示的 ESS 组合策略动态相位图。

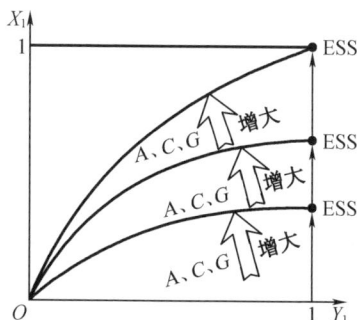

图9-3　ESS 组合策略动态相位图

从图9-3可知,随着参数 $A=ak+u+C_5-C_1$、C 中 $ak+C_6-C_3$、G 中 $(T_2-a)k-b_2$ 的增大,即 A、C、G 逐渐增大,x_1 和 y_1 的组合策略解 ESS 逐渐增大且趋近(1,1)点,表明:①降低金融支持主体与战略性新兴产业创新主体的交易成本(C_1、C_3、b_2)、提升补贴金额 k,有利于推动系统向"积极支持—积极接受"的有序状态演化;②利率 a 在 A、C 中越大越有利于 ESS 逐渐趋近(1,1)点,但在 G 中反之,说明博弈双方对利率产生了反向期望,故尽量保持利率的稳定将有利于系统演化;③其他"不接受"策略下金融支持主体的交易成本(C_5、C_6)和补贴资金的机会利润率 T_2,理论上越大越有利于系统演化,但实践中博弈主体会通过"理性"放弃、监督惩罚等机制约束 C_5、C_6 和 T_2 的增大,故本章认为这些参数对 ESS 逐渐趋近(1,1)点作用不大。综合上述分析,本章得到结论1。

结论1　降低金融支持主体与战略性新兴产业创新主体的交易成本(C_1、C_3、b_2)、提升补贴金额 k、保持补贴资金利率 a 稳定,将有利于增强金融支持主体、战略性新兴产业创新主体支持和接受的积极性。

9.3 仿真分析

为了描述 x_1、x_2、x_3 和 y_1、y_2、y_3 的动态相位图,直观刻画战略性新兴产业金融支持两阶段演化博弈 ESS 策略解的演进过程,进一步揭示支付函数中灵敏度较高的 u,T_1,T_2,k,R 形式参数对演化的影响。本章设定 $c_1 = 7$、$c_2 = 8$、$c_3 = 6$、$c_4 = 5$、$c_5 = 4$、$c_6 = 3$、$b_1 = 5$、$b_2 = 3$、$b_3 = 7$、$b_4 = 6$、$a = 0.2$、$p = 0.01$、$\varphi = 1.5$ 且 x_1、x_2、x_3、y_1、y_2、y_3 初始值分别为 0.2、0.3、0.5、0.4、0.3、0.3,然后运用 MATLAB7.0 实现复制动态方程组(1)和(2)的数值仿真,并得到如图 9-4(a)~(h)所示的仿真效果。

图 9-4 揭示了不同参数(u、T_1、T_2、k、R)赋值下,概率 x_1、x_2、x_3 和 y_1、y_2、y_3 的多元复制动态(相位图)过程,从数值仿真视角验证了两阶段演化博弈模型的可行性和科学性。由图 9-4(a)~(d)和(e)~(h)可知,在不同 $T_1 = 0.51$、$T_2 = 0.66$ 和 $T_1 = 0.88$、$T_2 = 0.10$ 下,x_1、y_1 呈现了不同的进化趋势,前者 x_1、y_1 的稳定解都小于 1,而后者 x_1、y_1 的稳定解则都趋于 1,表明 $T_1 < T_2$ 时,不利于提升金融支持主体和战略性新兴产业创新主体支持、接受补贴的积极性,此时的博弈双方处于机会主义情境之中;而 $T_1 > T_2$ 时,则有利于提升金融支持主体和战略性新兴产业创新主体支持、接受补贴的积极性,此时的博弈双方处于非机会主义情境之中。因此,补贴用于生产的利润率 T_1 和生产外活动的利润率 T_2 的比较差异所形成的机会主义、非机会主义情境,成为影响博弈双方积极性的关键因素。基于此,本章得到结论 2。

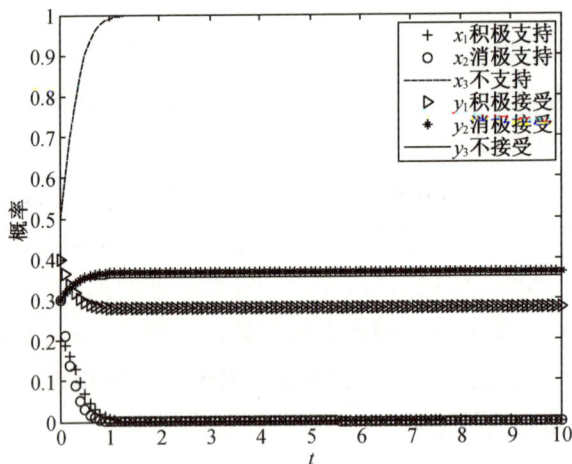

(a)$u = 10$,$T_1 = 0.51$,$T_2 = 0.66$,$k = 10$,$R = 2$

图 9-4 战略性新兴产业金融支持两阶段演化博弈的 ESS 演进

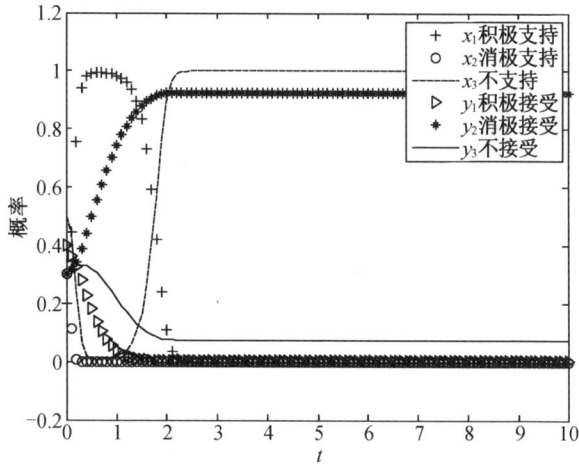

（b）$u=50, T_1=0.51, T_2=0.66, k=10, R=2$

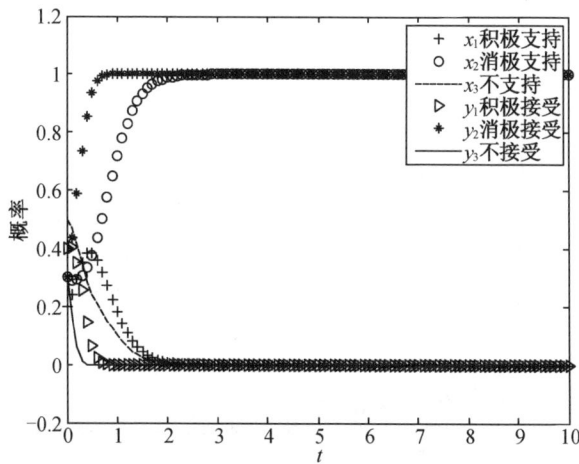

（c）$u=10, T_1=0.51, T_2=0.66, k=50, R=2$

图 9-4（续）

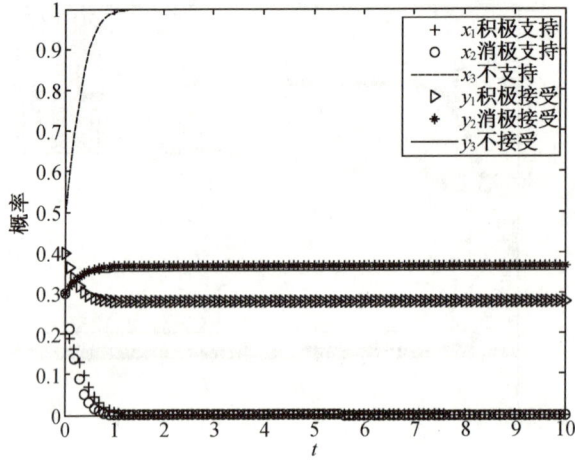

(d) $u=10, T_1=0.51, T_2=0.66, k=10, R=20$

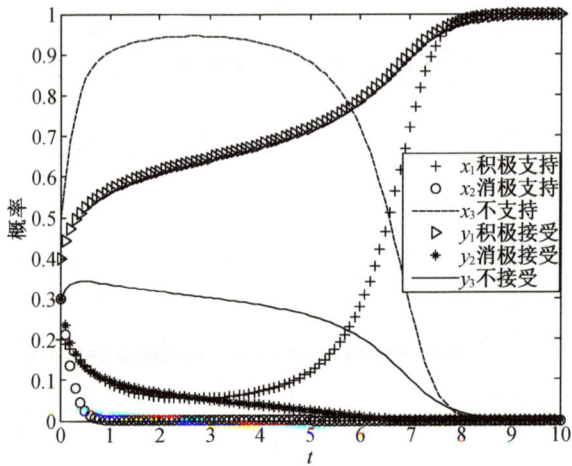

(e) $u=10, T_1=0.88, T_2=0.10, k=10, R=2$

图 9-4(续)

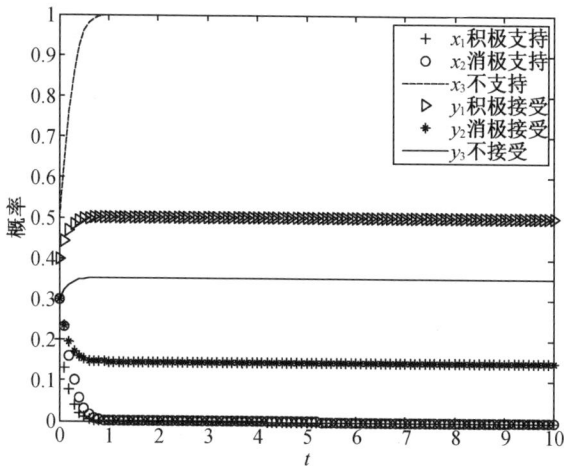

（f）$u=1,T_1=0.88,T_2=0.10,k=10,R=2$

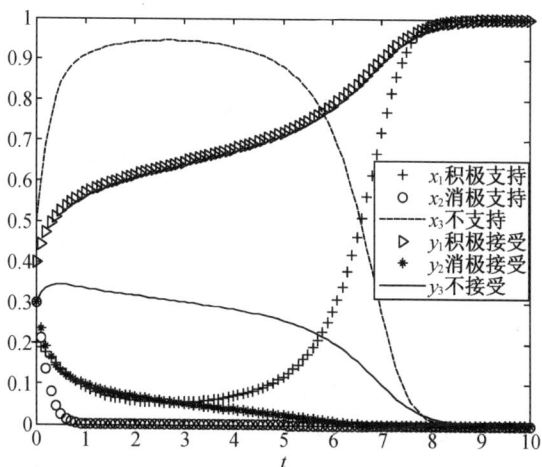

（g）$u=10,T_1=0.88,T_2=0.10,k=10,R=20$

图 9-4（续）

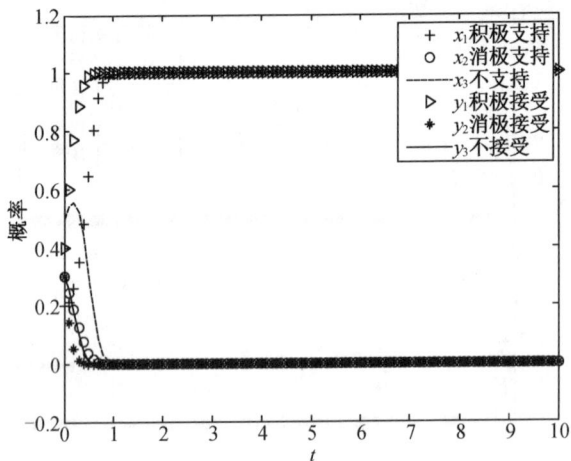

(h)$u = 10, T_1 = 0.88, T_2 = 0.10, k = 28, R = 2$

图 9-4(续)

结论 2 战略性新兴产业创新主体提升补贴的生产利润率 T_1,金融支持主体通过契约约束降低战略性新兴产业创新主体生产外活动的利润率 T_2,营造良好的非机会主义情境,有利于提升金融支持主体、战略性新兴产业创新主体支持和接受的积极性。

通过图 9-4(a)和(b)、(e)和(f)两组仿真实验对比分析,发现:①在 $T_1 = 0.51$、$T_2 = 0.66$、$k = 10$、$R = 2$ 时,即机会主义行为占优($T_1 < T_2$)情境下,期望社会效用 u 越大($u = 50$),越有利于在短期内迅速提升金融支持主体的积极性(x_1 的比例),但在经历一段"平稳"时间后迅速下降为 0,呈倒"U 型"分布特征(积极支持的短期化行为),且 u 越大战略性新兴产业创新主体消极接受(y_2)的比例越大,表明在存在战略性新兴产业创新主体机会主义行为和搭便车现象的金融支持活动中,政府或银行对通用性或专用性金融支持产生过度社会效用,如期望过高的公众口碑,将使其忽视金融支持的规范性(如减少契约约束),放纵金融支持负面效应(如制度漏洞、违约现象等)扩大,进而降低理性决策的产业主体接受资助的积极性,并因长期创新收益的难获得性而转为采用消极接受策略;②在 $T_1 = 0.88$、$T_2 = 0.10$、$k = 10$、$R = 2$ 时,即非机会主义行为占优($T_1 > T_2$)情境下,期望社会效用 u 越大($u = 10$),越有利于提高金融主体、产业主体支持和接受的积极性,有利于形成良好的金融支持创新氛围。为了进一步揭示 u 对 ESS 组合策略解演进过程的影响,本章构建了如图 9-5(a)、(b)所示的 ESS 组合策略动态相位图。

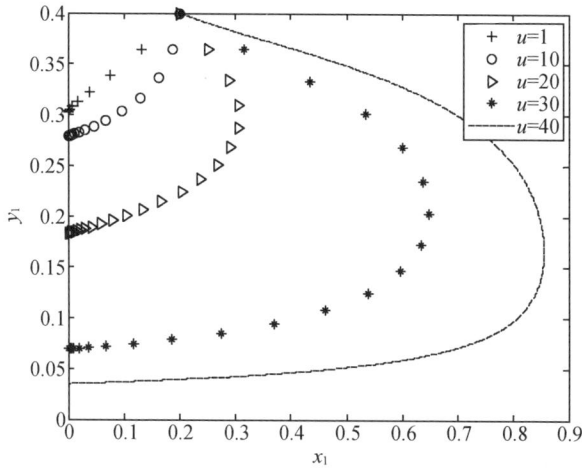

（a）$T_1 = 0.51$、$T_2 = 0.66$、$k = 10$、$R = 2$

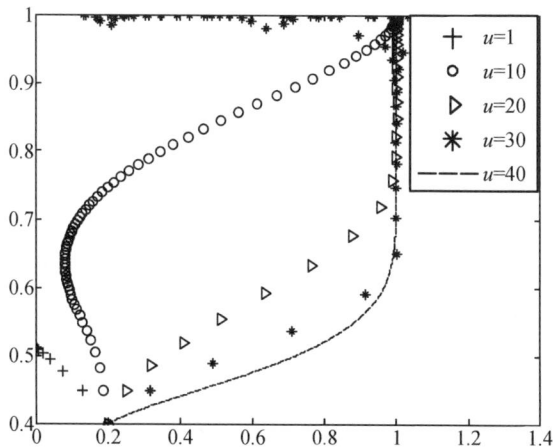

（b）$T_1 = 0.88$、$T_2 = 0.01$、$k = 10$、$R = 2$

图 9-5　ESS 组合策略动态相位图

由图 9-5（a）可见，在机会主义情境下随着 u 值不断增大，(y_1, x_1) 的稳定策略 ESS 点不断降低，表明博弈双方支持或接受的积极性不断降低；而由图 9-5（b）可见，在非机会主义情境下，较小的社会效用 $u（u = 1）$ 将降低博弈双方的积极性，当 u 达到一定规模（$u = 10$）后，无论 u 值如何变化（$u = 20$、30、40）对 (y_1, x_1) 稳定策略 ESS 点（$(1, 1)$ 点）不产生任何影响，但 u 越大进化速度越快，表明金融支持主体支持的积极性增长越快。综上，本章得到结论 3。

结论 3　机会主义行为占优（$T_1 < T_2$）（或非机会主义行为占优（$T_1 > T_2$））情境

下,金融支持主体的期望社会效用 u 越小(或越大),越他组织严格(或自组织放松)规范金融支持行为,越有利于提升战略性新兴产业创新主体(或金融支持主体)接受和充分利用(或提供)补贴的积极性。

通过图 9-4(a)和(c)、(e)和(h)两组仿真实验对比分析,发现:①在 $u=10$、$T_1=0.51$、$T_2=0.66$、$R=2$ 时,即机会主义行为占优($T_1 < T_2$)情境下,补贴金额 k 越高,越有利于金融支持主体和战略性新兴产业创新主体的支持、接受决策(提升 x_2、y_2 的比例),但无法改变其消极状态;②在 $u=10$、$T_1=0.88$、$T_2=0.10$、$R=2$ 时,即非机会主义行为占优($T_1 > T_2$)情境下,补贴金额 k 越高,越有利于快速提升金融支持主体、战略性新兴产业创新主体支持和决策的积极性(提升 x_1、y_1 的比例)。为了进一步揭示 k 对 ESS 组合策略解演进过程的影响,本章构建了如图 9-6(a)、(b)所示的 ESS 组合策略动态相位图。

由图 9-6(a)可见,在机会主义情境下随着 k 值不断增大,(y_1,x_1) 的稳定策略 ESS 点不断降低,表明博弈双方支持或接受的积极性不断降低;而由图 9-6(b)可见,在非机会主义情境下,较小的补贴金额 $k(k=1)$ 将降低博弈双方的积极性,当 k 达到一定规模($k=10$)后,无论 k 值如何变化($k=20$、$k=30$)对 (y_1,x_1) 稳定策略 ESS 点($(1,1)$点)不产生任何影响,但 k 越大进化速度越快,表明战略性新兴产业创新主体接受的积极性增长越快。综上,本章得到结论 4。

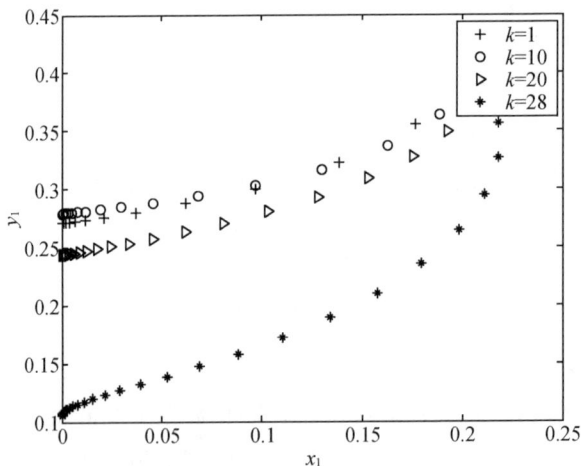

(a) $u=10$、$T_1=0.51$、$T_2=0.66$、$R=2$

图 9-6 ESS 组合策略动态相位图

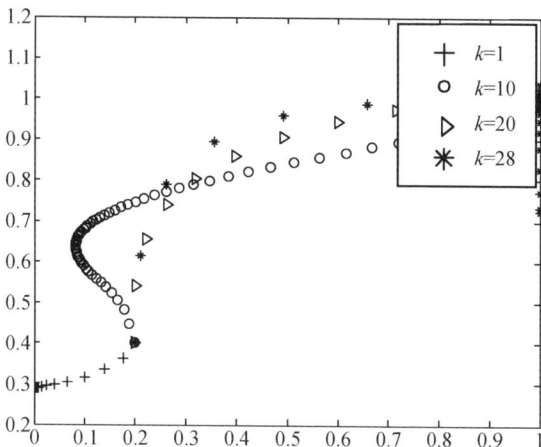

（b）$u=10$、$T_1=0.88$、$T_2=0.01$、$R=2$

图 9-6（续）

结论 4　机会主义行为占优（$T_1<T_2$）（或非机会主义行为占优（$T_1>T_2$））情境下,适度减小（或尽量增大）补贴金额 k 有利于提高战略性新兴产业创新主体接受和利用补贴的积极性。

通过图 9-4（a）、（d）和（e）、（g）两组仿真实验对比分析,发现在机会主义行为占优（$T_1>T_2$）或非机会主义行为占优（$T_1>T_2$）情境下,无论战略性新兴产业创新主体的自有资金 R 如何变化,都不改变 x_1、x_2、x_3 和 y_1、y_2、y_3 的进化路径,表明战略性新兴产业创新主体接受资助的积极性与其自身实力关联性不大,故本章得到结论 5。

结论 5　战略性新兴产业创新主体的自有资金 R 对金融支持主体、战略性新兴产业创新主体的支持和接受积极性影响不大。

9.4　战略性新兴产业金融支持演进实现框架及路径分析

基于结论 1~5 本章构建了如图 9-7 所示的战略性新兴产业金融支持演进实现框架,并找到了实现（x_1,y_1）→（1,1）ESS 均衡点的路径。

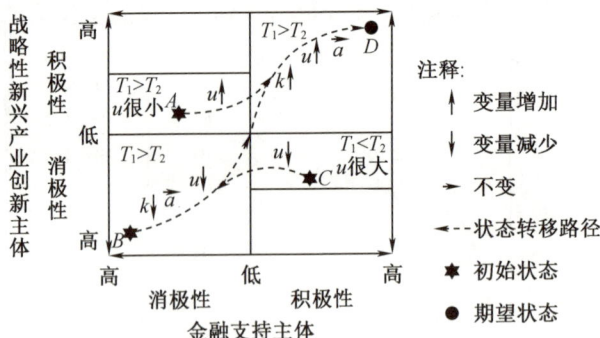

图 9-7　战略性新兴产业金融支持演进实现框架

散落于不同进化区域的初始状态(A、B、C)向战略性新兴产业创新主体培育的金融支持期望纳什均衡 ESS 点 D 演进,需要经历三条状态转移路径:(1)$A \rightarrow D$,该路径的完成需要通过提升社会效用 u 和提升补贴资金额度 k 两个"累积式"递进功能路径实现。当处于非机会主义情境之中,由于 u 很小,金融支持主体不注重品牌效应而处于消极状态,不愿意满足战略性新兴产业创新主体的高度金融需求,此时政府应通过一定的社会绩效考核(如金融支持主体的社会知名度、美誉度等)提升金融支持主体的(组织)品牌观念,迫使 A 点进入图 9-7 右上方空间;然后,在保持社会效用 u 增速和补贴利率 a 稳定的基础上,金融支持主体通过提高补贴金额 k 获取更多的利息和口碑,继而提升积极性,而战略性新兴产业创新主体也因获取更多的补贴 k 而提高申请补贴的积极性。

(2)$B \rightarrow D$,该路径的完成需要通过降低社会效用 u 和补贴金额 k、提升社会效用 u 和补贴金额 k 两个"悖论式"递进功能路径实现。当处于机会主义情境之中,战略性新兴产业创新主体因信息不对称下机会主义行为产生的短期收益而缺乏对金融支持战略功能的科学认知,使其因补贴不充分利用产生消极接受状态,而金融支持也因战略性新兴产业创新主体的"搭便车"消极配合产生消极支持状态。此时,政府可以降低金融支持主体期望的品牌效用(u)和战略性新兴产业创新主体期望的补贴金额(k),增加信息透明度、监督力度,减少机会主义行为和答辩车风险,从而规范战略性新兴产业金融支持活动,扭转机会主义情境为非机会主义情境,迫使 B 点进入图 9-7 右上方空间;然后,再迅速增加 u 和 k 值,利用补救悖论效用(及时补救后满意度大于失误前)提升金融支持主体和战略性新兴产业创新主体积极性。

(3)$C \rightarrow B \rightarrow D$,该路径的完成需要通过降低社会效用 u、降低社会效用 u 和补贴金额 k、提升社会效用 u 和补贴金额 k 三个"累积—悖论式"递进功能路径实现。

机会主义情境之中,战略性新兴产业创新主体处于消极接受状态,而金融支持主体因过度注重品牌效应而处于积极支持状态,但这种支持因博弈双方互惠(行为)、公平(感知)缺失而产生"短暂"现象。此时,政府应首先降低金融支持主体期望的品牌效用(u),迫使 C 点进入图 9-7 左下方空间;然后,继续降低社会效用 u,并快速降低补贴金额 k,扭转机会主义情境为非机会主义情境,迫使 B 点进入图 9-7 右上方空间;最后,还是迅速增加 u 和 k 值,利用补救悖论效用提升博弈双方积极性。

本 章 小 结

本章从我国战略性新兴产业"两头在外"、产能过剩等宏观供给现象出发,发现战略性新兴产业金融支持的低效率配置是造成这一现象的主要原因之一。为深入分析低效率配置原因,借助博弈论工具探究金融支持存在的微观"机会主义行为",在战略性新兴产业金融支持决策和力度显著增强的情况下,进一步深化探明了金融支持与战略性新兴产业创新主体培育的内在联系,构建了战略性新兴产业金融支持演进实现框架。通过两阶段 ESS 演进路径分析,找到了实现"积极支持—积极接受"均衡的三条状态转移路径和对应的功能路径,为政府指导战略性新兴产业创新主体培育及规范金融支持提供理论依据,有利于提升金融支持效率,进而优化产业供给结构。

本章的研究为战略性新兴产业创新主体培育提供了新思路和新方法,尝试建立战略性新兴产业金融支持两阶段演化博弈模型,并运用动态系统的相平面理论、MATLAB 数值仿真方法求解两阶段 ESS 点的近似解析解和两类群体演进路径。结果表明:营造良好的非机会主义情境,有利于提升金融支持主体、战略性新兴产业创新主体支持和接受的积极性;分情境、分阶段、分层次调整补贴金额 k、期望社会效用 u 并保持补贴资金利率稳定,将有利于增强博弈双方积极性;战略性新兴产业创新主体的自有资金 R 对支持和接受积极性影响不大。

本章的研究结果对金融支持和战略性新兴产业的相关理论有一定的参考价值,对战略性新兴产业创新主体培育的金融支持实践也有一定的指导意义:(1)剖析战略性新兴产业金融支持多主体交互、多要素协同、多阶段递进的(博弈)机理,确定影响战略性新兴产业金融支持低效率的关键因素,明晰产业创新主体和金融支持两类群体的多元化演进态势,有利于提高产业创新主体、金融支持主体和政府部门对创新金融支持的认知能力;(2)政府指导部门应调查(集群、创新网络等)区域内战略性新兴产业金融支持效率状况(演进状态),明确低效率产业创新主体

（核心企业、学研机构等）和金融机构（政府、银行等）的总体占比，据此判断区域战略性新兴产业金融支持所处的机会主义或非机会主义情境，预判（演进）发展形势；（3）根据现状和发展形势，政府部门可以选择"累积式""悖论式"或"累积—悖论式"指导决策准则，据此制定对应的加大补贴力度下的社会知名度等绩效考核、增加信息透明度和监督力度下的补贴强度及社会美誉度等绩效考核政策和机制，以提升战略性新兴产业创新主体和金融支持主体的积极性。

第 10 章　战略性新兴产业专业集群建设政策

战略性新兴产业已经成为我国新的经济增长点,对国民经济生活影响较大,如新能源汽车的市场保有量越来越高,人们对大健康产业的精准医疗需求也越来越高。然而,面向战略性新兴产业的专业人才培养却相对滞后,高校对于如何整合力量培养服务战略性新兴产业的人才讨论较少。战略性新兴产业具有战略性和新兴性等典型特征,一所高校的专业结构难以承担产业攻关所需的全部知识,需要众多高校集群式共享共建。专业集群为解决这一问题提供了思路,构建面向战略性新兴产业的专业集群是十分必要的。然而,现有学者对专业集群的研究都以建设必要性和部分实践为主,还存在认识不到位、视野不开阔、创新性缺乏、特色不彰显、价值未达成等问题,缺乏对专业集群运作机理的进一步探索。研究发现,专业集群的建设以产业集群为基础,而诸多学者又都基于网络视角透视产业集群的形成过程和演化机理。因此,本章认为专业集群也应该按照网络式发展,形成专业集群网络。综上,开展面向战略性新兴产业的专业集群网络建设研究具有十分重要的理论和现实意义。

10.1　内　涵　分　析

10.1.1　战略性新兴产业与集群网络

国内实践界和学术界将战略性新兴产业划分为节能环保、新一代信息技术、生物、高端装备制造、新能源、新材料、新能源汽车等 7 个类别(国务院,2012)。早期学者把注意力集中于推动新兴产业形成的主要动力上,关注影响战略性新兴产业形成的外部因素,比如科技进步、新消费模式、政府引导等(Krugman,1966;Porter,1980)。此后,一些学者以典型产业为例研究战略性新兴产业的通用发展模式,认为在不同的细分市场需求的前提下同一新兴产业将衍生出不同的发展模式。近十年,学者们主要从定性(战略性、关联性、成长性、创新性、风险性和导向性等)和标准(R&D 投入比重、单位产值能耗率、就业增长率等)两方面,探讨了战略性新兴产业的识别问题(刘洪昌等,2010;贺正楚等,2011;黄鲁成等,2012)。还有学者从创新特征、协同模式、发展路径等方面来研究战略性新兴产业的演进问题(李杨等,2010;涂文明,2012;喻登科等,2012)。可见,在战略性新兴产业国内外相关研究中,学者们的研究已经从形成动力领域逐步拓展到发展模式和演化路径等方面,呈现出从宏观到微观不断深入、细化的发展态势。但这些研究都以战略性新兴产业的自觉实践分析为主,鲜有学者开展推动战略性新兴产业培育的专业教育研究。

习近平总书记在 2018 年《中央经济工作会议全文》中强调"要提升产业链水平,注重利用技术创新和规模效应形成新的竞争优势,培育和发展新的产业集群","创新要素快速集聚,新的主导产业快速发展,引领高质量发展"。于是,如何利用集群系统快速集聚要素成为推动战略性新兴产业发展的关键问题。集群创新网络是指基于集群的相关行为主体(企业、大学、科研院所、中介机构以及地方政府等)在以技术创新为纽带的协同创新与交互作用的过程中逐渐形成的某种相对稳定的交流与合作关系的总和,是一种区域性的创新网络。创新是集群的一种行为,企业也会因供应、生产、营销等交互行为而产业集聚。因此,集群网络是指基于集群的相关行为主体在以创新、供应、生产、营销为纽带的交互作用的过程中逐渐形成的某种相对稳定的交流与合作关系的总和。国外学者 Sturgeon(1997)较早开始研究新兴产业发展的主导组织模式,探究产业生长的"骨架"问题。此后,学者们进一步明确了战略性新兴产业集群(联盟、合作等)网络内涵,认为战略性新兴产业集群(联盟、合作等)网络具有复杂系统集聚功能。

10.1.2 专业集群与专业群

2015 年教育部、国家发展改革委、财政部《关于引导部分地方普通本科高校向应用型转变的指导意见》(教发[2015]7 号)提出了"按需重组人才培养结构和流程,围绕产业链、创新链调整专业设置,形成特色专业集群"。随后,诸多学者对应用型本科专业集群开展了针对性研究,认为专业集群是对应产业集群上同一产业链、创新链的岗位(群)要求,按照群落建设原则,以与主干学科关联度高的核心(优势、特色)专业为引领,将若干学科基础、工程对象与技术领域相同或相近的、具有内在关联的专业有机结合体。而专业群则不同,专业群是基于学科本身之间的关联性,强调学科内部整合、形成合力。有学者认为专业群与产业集群之间没有直接联系,即使没有产业集群,也可能形成专业群。可见,已有研究将专业群限定在学科范围之内,但本章认为专业群是专业集群的子群,可以整合不同层级、类型学科门类,是专业集群涌现过程中专业复杂集聚的"介质"基础。如经管类专业群中往往既包括工商管理学科中人力资源、市场营销、财务管理等专业,也包括管理科学与工程学科中物流工程、工业工程等专业。有学者研究了以产业链新需求为导向的建筑类专业群建设问题,故专业群的形成与产业需求密不可分,且多个专业群协同共生推动了专业集群的发展与跃迁。

10.1.3　面向战略性新兴产业的专业集群网络

既然专业集群的建设以产业集群为基础,那么战略性新兴产业集群的发展,必然催生面向战略性新兴产业的专业集群的形成。而战略性新兴产业集群网络的涌现,也一定会推动面向战略性新兴产业的专业集群网络集聚。本章认为面向战略性新兴产业的专业集群是基于上述产业集群,围绕产业链部署创新链的产业链(创新)模块的岗位群要求,诸多高校主体以与核心产业链模块对应的主干学科关联度高的专业及若干学科基础、工程对象与技术领域相同或相近的且具有内在关联的专业有机组成的核心(优势、特色)专业群为引领,与其他关联产业链模块对应的辐射专业群为支撑的有机复杂系统。而面向战略性新兴产业的专业集群网络是在战略性新兴产业及其关联产业集群网络基础上,以专业为节点、专业之间的协同关系为连边构成的复杂网络。

10.2　面向战略性新兴产业的专业集群网络构型

有效识别、规划战略性新兴产业集群中的产业链(创新)模块,明晰产业链(创新)模块内部、模块间的企业合作网络,是构建面向战略性新兴产业的专业集群网络的基础条件。战略性新兴产业集群中的产业链模块不一定完全分割为上、中、下游环节,也可以进一步细分为若干模块,如新能源汽车包括锂、镍、铂、稀土等材料,电池、电机和控制,整车控制系统,整车制造,分销等产业链模块;大健康产业包括医疗机器人、移动终端制造商、医疗信息化、零售药店/医药电商、药品供应商、物联网、综合医院、医疗器械、大数据、移动终端运营商、云计算等产业链模块。

按照战略性新兴产业链模块的划分,建设若干对应的专业群,每个专业群都具有内部关联网络结构。这种结构以专业群内部核心专业和支撑专业为节点,各专业之间的协同关系为连边。主要包括两种类型的连边:①相连边。第一、核心专业与辐射专业之间的学科基础、技术相似等支撑关系。基于学科基础的相连边,是基于专业之间的内在一致性而形成的,如人力资源、市场营销、财务管理等专业具有工商管理学科的"共性"知识类属。而基于技术相似的相连边，则是考虑专业之间因市场需求的技术关联或技术战略一体化而建立的联结关系，如物流管理和物流工程专业隶属于工商管理和管工两类学科，但从物流（园区等）规划和运营系统视角二者具有技术战略一体化的关联；第二、核心专业间的知识互补、知识共享、知识流动等共生关系；第三、辐射专业间的原有的内生关系。②相依边。不同专业群之间的连接关系，体现在各专业群的核心专业或辐射专业之间的跨界关系。这种关系往往嵌入于产业链模块之间的内生关系之中，依托战略性新兴产品创新过程之中。

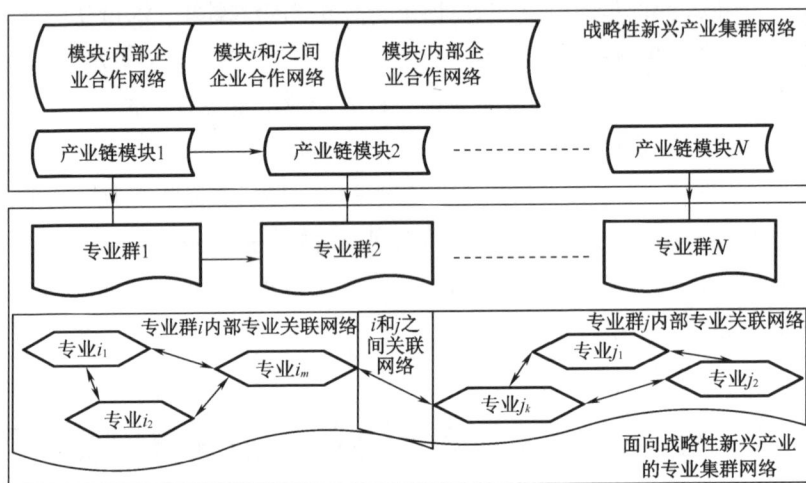

图 10-1　战略性新兴产业的专业集群网络构型

战略性新兴产业的专业集群网络具有复杂网络的拓扑结构特征、资源整合和信息传递功能，能有效解释专业集群系统的运行机制。首先，专业集群网络明晰了关联专业之间的主体权力层次逻辑关系。有些专业处于专业集群网络结构的核心位置，如为众多专业提供支持的英语、数学专业具有较高的网络中心度，但却不是面向产业的最核心的专业。反之，网络中心度较小的核心专业虽不处于网络核心位置，但却具有较大的网络中心权力，能够调度专业集群网络内的专业资源，其他辐射专业配合核心专业发展。于是，战略性新兴产业的专业集群网络不会按照传统的以中心度为标准的"核心—边缘"结构演化，而是按照"以核心专业为焦点节点，辐射专业为边缘节点"的联盟组合网络结构演化。其次，专业集群网络具有更高效率的关联专业信息传递功能。战略性新兴产业具有典型的新兴性特征，面临着诸多新市场需求信息和新知识、新技术、新商业模式等生产研发信息的消化和吸收。专业集群作为一个庞杂的系统体系,诸多新兴信息的内化较为复杂,而集群网络不仅明晰了专业集群的体系结构,也为信息内化提供了渠道支撑。处于不同网络层级结构的专业主体按照网络中心权力的递减,层层信息分解,目标明确。

10.3　面向战略性新兴产业的专业集群网络建设路径分析

10.3.1　网络布局

首先,根据实际产业格局和岗位需求,细分战略性新兴产业链模块,再根据战略性新兴产业链模块建设对接专业群,如面向新能源汽车产业的整车控制系统模块需要建设专业群,包括机械设计及自动化、测控技术与仪器、自动化、电力电子技术、通信工程等专业;大健康产业的医疗机器人模块需要建设专业群,包括生物医学工程、机械设计及自动化、电力电子技术、测控技术与仪器、材料科学与工程等专业。此外,教育部要求主动布局集成电路、人工智能、云计算、大数据、网络空间安全、养老护理、儿科等战略性新兴产业发展和民生急需相关学科专业(教育部关于加快建设高水平本科教育全面提高人才培养能力的意见)。因此,专业群中的核心专业也可以按照产业需要新设,为加快培养适应和引领新一轮科技革命和产业变革的卓越工程科技人才,可以发展新兴工科专业、改造升级传统工科专业(教育部长陈宝生在新时代全国高等学校本科教育工作会议上的讲话);为深入推进医教协同,要大力推进医学与理工文等学科交叉融合,发展精准医学、转化医学、智能医学等新兴医学专业。

第二、专业群按照核心专业与辐射专业(或支撑专业)的"核心—边缘"网络中心权力结构设计。核心专业之间匹配度要高,要按照技术研发或生产工序需要,在人才培养方案中突出核心专业的主体地位,在课程体系设计中核心专业之间要保持协调一致。辐射专业之间也要在突出核心专业中心地位的情况下,按产业需要不交叉、互补式协调共建。既然核心专业与辐射专业之间的网络关系是"焦点专业导向的联盟组合网络",那么专业集群网络必然要根据联盟组合网络的"联盟"+"组合"属性加强建设,在参与联盟的专业伙伴的识别和选取上要考虑作为焦点的核心专业和其他支撑专业的中心权力组合效果。

第三、专业群之间按照二分网络建设。专业群之间的网络呈现了一种"二分网络"关联,根据二分网络的属性要重点关注网络内的相连边,即各专业群的核心专业或辐射专业之间的跨界关系。这些相连边往往脆弱性较高,是整个专业集群网络的关键节点。如果某些相连边不能准确地映射不同产业链模块间的对接关系,则整个专业集群内信息将产生偏差,系统信息不对称将逐渐放大,可能产生专业集群网络"灰度"信息扩散的"牛鞭效应"。第四、专业集群在网络结构上最终呈现整体网,具有传统的"核心—边缘"网络结构,呈现两种优化状态:一种是按上述联盟组合网络的焦点专业属性优化网络,属于连接主义,注重关系强度。因此要强化核心专业与辐射专业的连接关系,在人才培养方案的设计中加强匹配度;另一种是按照网络拓扑结构属性优化网络,如某些核心节点(连边较多)并不一定是核心专业,属于结构主义,注重资源分配。因此要在建设核心专业的同时,强化网络中心度高的辐射专业的建设,以提升网络整体的连接强度和连通性,增加专业集群网络鲁棒性。

10.3.2　面向专业集群网络的课程体系设计

从纵向视角剖析战略性新兴产业的专业集群网络系统,其最底端子网络系统应是课程体系网络系统。专业集群内的每个专业群都应该按照相依边机制统一协调设计面向集群网络的整体课程体系,每个专业群内部核心专业和辐射专业之间按照相连边机制设计隶属于专业群的子课程体系,而每个专业又要按照通识、基础、必修、选修等课程属性进一步面向子课程体系设计专业内部的课程体系子网络。这些子网络错综复杂交织在一起形成了面向战略性新兴产业的专业集群网络的课程体系网络系统。

10.3.3　面向专业集群网络的实践基地建设

战略性新兴产业的新兴性导致很难找到"成熟"的专业实践基地,为人才培养提供"精准"保障,往往需要校企共建实践教育基地。由于专业集群网络的专业群打破了学科的限制,因此高校原有的学科共享式的实验室不再适用。"工作室"这一新型的校企共建实践基地已被多所高校采用,效果较好。面向战略性新兴产业的专业集群网络的实践基地建设也可以采用"工作室"制,专业集群内的每个专业群都应该建设一个总工作室,每个专业群内部按照核心专业和辐射专业之间关联关系再建设若干个细分工作室。战略性新兴产业集群网络中存在企业合作网络、高校合作网络、产学研合作网络,这些网络为"工作室"的建设(如伙伴选择)提供了保障。

本 章 小 结

　　本章从网络的全新视角去理解专业集群的建设管理,为面向战略性新兴产业的专业建设和人才培养提供了思路。本章的研究结果对专业集群、战略性新兴产业的相关理论具有一定的参考价值,对我国战略性新兴产业的专业教育实践也有一定的指导意义。然而,本研究只是对网络视角下战略性新兴产业的专业集群建设的探索性研究,关于该机理的相关实践研究尚有待进一步挖掘,将是后续研究工作的重点。

参 考 文 献

JOSHI A M,NERKAR A,2011. When do strategic alliances inhibit innovation by firms? Evidence from patent pools in the global optical disc industry [J]. Strategic Management Journal,32, 1139-1160.

AN Q, AN H Z, WANG L,2015. Analysis of embodied exergy flow between Chinese industries based on network theory[J]. Ecological Modelling,318(SI):26-35.

ATANASSOV K, 1986. Intuitionistic fuzzy sets [J]. Fuzzy Sets and Systems, 20: 87-96.

BARABASI A L, ALBERT R, 1999. Emergence of scaling in random networks[J]. Science (286):509-512.

BARBOSA N S F, 2018. Public financial support and firm-specific characteristics: Evidence from Portugal[J]. European Planning Studies,26(4):670-686.

BRANKER K, Pearce J M,2010. Financial return for government support of large-scale thin-film solar photovoltaic manufacturing in Canada[J]. ENERGY POLICY,38(8): 4291-4303.

BRUTON G D,DESS G G,Janney J J, 2007. Knowledge management in technology-focused firms in emerging economies: Caveats on capabilities, networks, and real options[J]. Asia Pacific Journal of Management(24):115-130.

CASANUEVA C, CASTRO I, GALAN J L,2013. Informational networks and innovation in mature industrial clusters[J]. Journal of Business Research,66(5):603-613.

CHEN S M,TAN J M, 1994. Handling multicriteria fuzzy decision-making problems based on vague set theory[J]. Fuzzy Sets and Systems, 67: 163-172.

CHEN Y, LI W W, YI P T,2020. Evaluation of city innovation capability using the TOPSIS-based order relation method: The case of Liaoning province, China[J]. Technoligy in Society,63.

CHOI J, AHN S H, CHA M S, 2013. The effects of network characteristics on performance of innovation clusters [J]. Expert Systems with Applications,40(11):

4511-4518.

CHRISTIAN M, 2016. Kenya's tourist industry and global production networks: Gender, race and inequality[J]. Global Network,16(1):25-44.

CLEGG S R, Rhodes C, KORNBERGER M, 2007. Desperately seeking legitimacy: Organizational identity and emerging industries[J]. Organization Studies(6):495-513.

COLLINS C J,CLARK K D,2003. Strategic human resource practices,top management team social networks and firm performance: The role of human resource practices in creating organizational competitive advantage[J]. Academy of Management Journal, 46(6):740-751.

COWAN R, JONARD N, ZIMMERMANN J B, et al, 2007. Collaboration and the emergence of innovation networks[J]. Management Science, 53(7):1051-1067.

DALIA S,2016. Review of financial support from EU Structural Funds to sustainable energy in Baltic States[J]. Renewable & Sustainable Energy Reviews,58:1027-1038.

D'AMORE R, IORIO R, LABOry S, 2013. Research collaboration networks in biotechnology: Exploring the trade-off between institutional and geographic distances [J]. Industry and Innovation,20(3):261-276.

DEMETRIADES P O, HUSSEIN K A, 1996. Does financial development cause economic growth? Time series evidence from 16 countries[J]. Journal of Development Economics,51(2):387-411.

DEMIRKAN I, DEEDS D L, 2007. Research collaboration networks and innovation output [J]. Academy of Management Proceedings(1):1-6.

DIEGO A, PAULA G, 2015. Does public financial support stimulate innovation and productivity? An impact evaluation[J]. Cepal Review(115):41-61.

DOH S, KIM B, 2014. Government support for SME innovations in the regional industries: The case of government financial support program in South Korea[J]. Research Policy(43):1557 - 1569.

ESTADES J, RAMANI S V, 1998. Technological competence and influence of networks [J]. Technology Analysis & Strategic Management,10(4):483-495.

FANG E,PALMATIER R W,2011. Effect of customer and innovation asset configuration strategies on firm performance[J]. Journal of Marketing Research(48):587-602.

FREEMAN C, 1991. Networks of innovators: A synthesis of research issues [J]. Research Policy(20):499-514.

GARY P,DAVID J,2007. How to capture value from innovation: Shaping intellectual propetry and industy architecture[J]. Califomia Management Review(5):278-296.

GILSING V, NOOTEBOOM B, VANHAVERBEKE W et al, 2008. Network embeddedness and the exploration of novel technologies: Technological distance, betweenness centrality and density[J]. Research Policy,37(10):1717-1731.

GLOTOVA I I, TOMILINA E P, GLADILIN A A, 2016. The financial support of the current activities in the horticultural industry in Stavropol Krai [J]. Ekonomika sel'skogo khozyaistva Rossii(11):38-43.

GRAF H, TANG H N, 2009. Public research in regional networks of innovators: A comparative study of four east German regions[J]. Regional Studies,43(10):1349-1368.

Ha B C,2015. An analysis on the determinants of SME public financial supports[J]. Journal of Industrial Economics and Business,28(3):1195-1216.

HAN Y J,Park Y T, 2006. Patent network analysis of inter-industrial knowledge flows: The case of Korea between traditional and emerging industries [J]. World Patent Information,28(3):235 - 247.

HONG D H,CHOI C H, 2000. Multicriteria fuzzy problems based on vague set theory [J]. Fuzzy Sets and Systems, 114: 103-113.

HONG J P,2016. A Comparative study on the global production networks of electronics and automotive industry[J]. Journal of Korean Social Trend and Perspective(96):9-47.

IMRE F, ZOLTAN B, STEFAN B et al, 2017. East-West European farm investment behaviour: The role of financial constraints and public support[J]. Spanish Journal of Agricultural Research,15(1): e0SC01.

INTANAGONWIWAT C, ESTRIN D, GOVINDAN R, et al, 2002. Impact of network density on data aggregation in wireless sensor networks[C] International Conference on Distributed Computing Systems. IEEE.

INTARAKUMNERD P, CHAIRATANA P, Chaiyanajit P, 2016. Global production networks and host-site industrial upgrading: the case of the semiconductor industry in Thailand[J]. Asia Pacific Business Review,22(2):289-306.

JAMES B, 2010. Research technological change and financial liberalization in South Korea[J]. Journal of Macroeconomics,32(1):457-468.

JANET C, STURGEON, 1997. Claiming and naming resources on the border of the state: Akha strategies in China and Thailand[J]. Wiley Journal,38(2):131-144.

JOHNSTON R,2004. Clusters:a review of their basis and development in Australia[J].
Innovation: Management, Policy&Practice,3:380-391.

KANG M, JUNG C M, 2010. International comparative analysis on the innovation
capability of construction industry[J]. Journal of Korea Planning Association,45
(3): 61-75.

KIM M, LEE S Y, 2011. The effects of government financial support on business
innovation in South Korea[J]. Asian Journal of Technology Innovation,19(1):67-83.

KITO T, NEW S, 2015. Towards capturing heterogeneity of supply network structures
and their temporal transitions: an investigation of supply relationships in the Japanese
automobile industry[J]. Evolutionary and Institutional Economics Review,12(2):
333-347.

KLINGEBIEL R,RAMMER C,2014. Resource allocation strategy for innovation portfolio
management[J]. Strategic Management Journal(35):246-268.

KUCUK P O, ATILGAN T, 2020. Innovative Competency Analysis of the Turkish
Technical Textile Sector Based on AHP and FCE Methods [J]. TEKSTILVE
KONFEKSIYON,30(1):20-28.

LAHIRI N,NARAYANAN S,2013. Vertical integration,innovation,and alliance portfolio
size: Implications for firm performance[J]. Strategic Management Journal,34(9):
1042-1064.

LEE D H,SCHNIEDERJANS M J,SANG M L,2011. Supply chain innovation and
organizational performance in the healthcare industry [J]. International Journal of
Operations & Production Management,31(11):1193-1214.

LI C,2014. Analysis on financial support efficiency of strategic emerging industries:
Based on DEA-Tobit model[J]. Applied Mechanics & Materials,608-609(3):145-150.

LILJEROS F, EDLING C R, AMARAL L A N, et al ,2001. The web of human sexual
contacts [J]. Nature, 411(6840):907-908.

LIN M, LI N, 2010. Scale-free network provides an optimal pattern for knowledge
transfer [J]. Physica A: Statistical Mechanics and its Applications,389(3):473-480.

LIU C P, YUAN Y F , YANG Y X, et al, 2014. Study of financing policy on the
development of strategic emerging material industry [J]. Applied Mechanics &
Materials,644-650:4848-4851.

MARIO T D, 2015. Firms' innovation, public financial support, and total factor
productivity: The case of manufactures in Peru [J]. Review of Development

Economics,19(2):358-374.

MARK F,2003. The effects of trade on research and development[J]. Open Economies Review,14(1):29-42.

MARTINA K M, MICHAEL F, 2013. Who Are the knowledge brokers in regional systems of innovation? [J]. Regional Studies,47(5):669-685.

MOLLER K K, HALINEN A, 1999. Business relationships and networks: Managerial challenge of network era[J]. Industrial Marketing Management,28:413-427.

MORKOVINA S S, SIBIRYATKINA I V, IVANOVA A V,2016. Financial Mechanism of support of the innovation in forestry [J]. Lesotekhnicheskii zhurnal, 6(3): 221-231.

MUNKSGAARD K B, STENTOFT J, PAULRAJ A, 2014. Value-based supply chain innovation[J]. Operations Management Research,7(3):50-62.

NAM C W ,2016. The effects of financial support policies on corporate decisions by SMEs[J]. KDI Journal of Economic Policy,38(3):79-106.

OZMAN M,2009. Inter-firm networks and innovation: A survey of the literature[J]. Economics of Innovation and New Technology,18(1):39-67.

PERGELOVA A,ANGULO R F,2014. The impact of government financial support on the performance of new firms: The role of competitive advantage as an intermediate outcome[J]. Entrepreneurship And Regional Development,26(9-10): 663-705.

PLANK L, STARITZ C,2015. Global competition, institutional context and regional production networks: up and downgrading experiences in Romania's apparel industry [J]. Cambridge Journal of Regions Economy and Society,8(3):421-438.

POSCH A, 2010. Industrial recycling networks as starting points for broader sustainability-oriented cooperation? [J]. Journal of Industrial Ecology,14(2): 242-257.

RAGHURAM G R, LUIGI Z, 1998. Financial dependence and growth[J]. American Economic Review, 88(3):559-586.

ROTHWELL R, 1992. Successful industrial innovation: Critical factors for the 1990s [J]. R&D Management,22(3):221-239.

Rousseau P L, Richard S, 2005. Emerging financial markets and early US growth[J]. Exploration in Economic History,42(1):1-26.

RYU H G,2015. The Evaluation Methodology for Technology Innovation Capability of Defense Industry[J]. Journal of the Korea Association of Defense Industry Studies,22(1): 95-116.

SELVARAJ G, JEON J,2020. Assessment of national innovation capabilities of OECD countries using trapezoidal interval type – 2 fuzzy ELECTRE III method[J]. Data Technologies and Applications.

SHIN J K, 2014. Industrial cluster system, and entrepreneurship, R&D capability and technological innovation of SMEs[J]. Management & Information Systems Review,33 (2): 171-188.

SU Y, LIANG D Z, GUO W, 202. Application of multiattribute decision-making for evaluating regional innovation capacity[J]. Mathematical Problems in Engineering.

SUH Y, KIM M S, 2015. Dynamic change of manufacturing and service industries network in mobile ecosystems: The case of Korea[J]. Telematics and Informatics,32 (4):613-628.

TSAI H T, HUANG S Z, WANG C H, 2015. Cross-border R&D alliance networks: An empirical study of the umbilical cord blood banking industry in emerging markets[J]. Asian Journal of Technology Innovation,23(3):383-406.

UNDERWOOD I M, 2011. The New Corporate Strategy [M]. USA: John Wileyand Sons Ltd.

VASUDEVA G, ZAHEER A, 2012. The embeddedness of networks: Institutions, structural holes, and innovativeness in the fuel cell industry [J]. Organization Science, Articles in Advance,6:1-19.

WANG W S, ZHANG C Y, 2018. Evaluation of relative technological innovation capability: Model and case study for China's coal mine[J]. RESOURCES POLICY, 58: 144-149.

WANG Y Q, ZHANG H M,2019. Study of Low-Carbon and Ecological Environmentally Friendly Enterprises Innovation Capability Based on Collaborative Data Analysis of Innovation Network[J]. EKOLOJI,28(107):4137-4144.

WATTS D J,STROGATS S H,1998. Collective dynamics of 'small-world' networks[J]. Nature(393):440-442.

WU H, GU X M, 2020. Fuzzy principal component analysis model on evaluating innovation service capability[J]. Scientific Programming,2020.

WU L,LI H,2017. Analysis of the development of the wind power industry in China-from the perspective of the financial support[J]. Energy Sustainability & Society,7 (1):37.

XU J Z, ZHAI J Q,2020. Research on the evaluation of green innovation capability of manufacturing enterprises in innovation network[J]. Sustainability,12(3).

XU Z S, 2007. Intuitionistic fuzzy aggregation operators[J]. IEEE Transactions on Fuzzy Systems, 15(6): 1179-1187.

XU Z S, CHEN J, 2007. On geometric aggregation over interval-valued intuitionistic fuzzy Information[C]. ICNC07-FSKD07, August: 466-471.

XU Z S, YAGER R R, 2006. Some geometric aggregation operators based on intuitionistic fuzzy sets[J]. International Journal of General System, 35(4): 417-433.

XU Z S, YAGER R R, 2008. Dynamic intuitionistic fuzzy multi-attribute decision making[J]. International Journal of Approximate Reasoning, 48(1): 246-262.

YANG F, GUO G S, 2020. Fuzzy comprehensive evaluation of innovation capability of Chinese national high-tech zone based on entropy weight-taking the northern coastal comprehensive economic zone as an example[J]. Journal of Intelligent & Fuzzy Systems, 38(6): 7857-7864.

YIN S, ZHANG N, LI B Z, 2020. Enhancing the competitiveness of multi-agent cooperation for green manufacturing in China: An empirical study of the measure of green technology innovation capabilities and their influencing factors[J]. Sustainable Production and Consumption, 23: 63-76.

YOON H D, 2012. The Effects of collaborative R&D network and entrepreneurship on technological innovation activity and performance of venture business in industrial clusters[J]. Journal of Entrepreneurship and Venture Studies, 15(3): 43-68.

YUNZE M, 2011. A study on the dynamic mechanism encouraging the development of new energy industry[J]. Elsevier Journal(5): 2020-2024.

ZANDER S, TRANG S, KOLBE L M, 2016. Drivers of network governance: A multitheoretic perspective with insights from case studies in the German wood industry [J]. Journal of Cleaner Production, 110: 109-120.

ZENG M, LIU X M, LI Y L, et al, 2014. Review of renewable energy investment and financing in China: Status, mode, issues and countermeasures[J]. Renewable and Sustainable Energy Reviews(31): 23 - 37.

蔡宁,吴结兵,殷鸣,2006.产业集群复杂网络的结构与功能分析[J].经济地理 (03):378-382.

曹霞,刘国巍,2015.产学研合作创新网络规模、连接机制与创新绩效的关系研究: 基于多主体仿真和动态系统论视角[J].运筹与管理,24(2):246-254.

曹霞,张路蓬,2016.基于利益分配的创新网络合作密度演化研究[J].系统工程学报,31(1):1-12.

曹霞,张路蓬,2017.金融支持对技术创新的直接影响及空间溢出效应:基于中国 2003-2013年省际空间面板杜宾模型[J].管理评论,29(7):36-45.

曹宇,井元伟,2013.带有非线性感染率的SIRS模型的建立与稳定性分析[J].控制 理论与应用(2):229-232.

陈爱雪,2012.传统产业与战略性新兴产业良好互动发展分析:基于内蒙古的研究 [J].工业技术经济(9):112-116.

陈金丹,黄晓,2015.集群协同创新网络研究回顾与未来展望:群内协同与群际协同 视角[J].科技进步与对策,32(7):155-160.

陈丽娜,2012.深圳广告产业项目合作网络的现状与影响因素研究[J].广告大观 (理论版)(5):55-64.

陈小洪,陈金亮,2008.产业链创新:有关人士、案例讨论和建议[J].中国制造业信 息化(20):56-57.

陈鑫,王宁,2011.基于直觉模糊理论的电信套餐购买决策研究[C].融合与创新: 中国通信学会通信管理委员会第29次学术研讨会论文集:107-112.

程宏伟,冯茜颖,张永海,2008.资本与知识驱动的产业链整合研究:以攀钢钒钛产 业链为例[J].中国工业经济(3):143-151.

김철현남종오,2016. In-depth evaluation on financial supporting projects for SMEs of ministry of oceans and fisheries[J]. Institute for Humanities and Social Sciences,17 (4):121-142.

邸晓燕,张赤东,2018.基于产业创新链视角的智能产业技术创新力分析:以大数据 产业为例[J].中国软科学(05):39-48.

丁刚,黄杰,2012.区域战略性新兴产业的产业链图谱表达方式研究:以福建省光伏 产业为例[J].中国石油大学学报(社会科学版),28(3):24-27.

丁莹莹,宣琳琳,2015.我国海洋能产业产学研合作创新网络的实证研究:基于网络 结构的视角[J].工业技术经济(5):29-40.

窦一杰,2015.消费者偏好、市场准入与产品安全水平:基于双寡头两阶段博弈模型 分析[J].运筹与管理,24(1):149-156.

杜勇,黄庆华,张卫国,2014.战略性新兴产业微观主体协同创新风险控制机制研究 [J].科技进步与对策(12):54-59.

范钧,郭立强,聂津君,2014.网络能力、组织隐性知识获取与突破性创新绩效[J]. 科研管理,35(1):16-24.

范群林,邵云飞,唐小我,等,2010.结构嵌入性对集群企业创新绩效影响的实证研究[J].科学学研究,28(12):1891-1900.

方来,2018.战略性新兴产业发展的金融支持机制及效率评价[J].哈尔滨商业大学学报(社会科学版)(2):28-37.

费钟琳,魏巍,2013.扶持战略性新兴产业的政府政策:基于产业生命周期的考量[J].科技进步与对策,30(3):104-107.

甘绍宁,2015.战略性新兴产业发明专利授权统计报告[M].北京:(知识产权)专利文献出版社.

高明,洪晨,2014.美国环保产业发展政策对我国的启示[J].中国环保产业(3):51-56.

顾海峰,2011.战略性新兴产业演进的金融支持体系及政策研究:基于政策性金融的支持视角[J].科学学与科学技术管理(7):98-103.

顾永安,2019.应用型高校推进专业集群建设的思考[J].高等工程教育研究(06):92-98.

郭培民,刘伟德,徐金发,1999.企业集团整体发展战略的矢量化分析研究[J].浙江大学学报(人文社会科学版),29(04):142-148.

郭艳辉,2016.新兴专业集群化的路径分析:以邯郸职业技术学院为例[J].商(35):69-70.

何黎明,2018.推进物流业高质量发展面临的若干问题[J].中国流通经济,32(10):3-7.

贺正楚,2011.战略性新兴产业的评价与选择[J].科学学研究,29(5):678-683

洪银兴,2020.促进创新链与产业链深度融合[N].广州日报.

洪勇,张红虹,2015.新兴产业培育政策传导机制的系统分析:兼评中国战略性新兴产业培育政策[J].中国软科学(6):8-19.

花磊,王文平,2013.产业生命周期不同阶段的最优集体创新网络结构[J].中国管理科学,21(5):129-140.

黄德春,胡浩东,田鸣,2018.中国生态—经济协同发展实证研究:基于复合系统协调度模型[J].环境保护(14):39-44.

黄海滨,2014.模块化、网络状产业链及其对我国战略性新兴产业发展的启示[J].中国科技产业(05):69-74.

黄凯南,2009.演化博弈与演化经济学[J].经济研究(2):132-145.

黄鲁成,王亢抗,吴菲菲等,2012.战略性新兴产业技术特性评价指标与标准[J].科学学与科学技术管理,33(7):103-108.

黄玮强,庄新田,2007.网络结构与创新扩散研究[J].科学学研究,25(5):1018-

1024.

黄玮强,庄新田,姚爽,2012.基于创新合作网络的产业集群知识扩散研究[J].管理科学,25(2):13-23.

黄永春,朱帅,雷砺颖,2018.中国资源、经济和环境发展水平与协调度的研究[J].经济与管理评论(1):45-54.

江虹,程琳,2015.互联网电视网络状产业链整合研究[J].现代传播(中国传媒大学学报)(5):156-157.

蒋同明,2012.科技园区创新网络演化与应用[M].北京:知识产权出版社.

焦媛媛,沈志锋,胡琴,2015.不同主导权下战略性新兴产业协同创新网络合作关系研究:以我国物联网产业为例[J].研究与发展管理,27(4):60-74.

靳光辉,刘志远,花贵如,2016.政策不确定性与企业投资:基于战略性新兴产业的实证研究[J].管理评论,28(9):3-16.

郎咸平,2008.产业链阴谋一:一场没有硝烟的战争[M].上海:东方出版社.

李苗苗,肖洪钧,傅吉新,2014.财政政策、企业R&D投入与技术创新能力:基于战略性新兴产业上市公司的实证研究[J].管理评论,26(8):135-144.

李晓钟,吴振雄,张小蒂,2016.政府补贴对物联网企业生产效率的影响研究:基于沪深两市2010-2013年公司数据的实证检验[J].中国软科学(2):105-113.

李亚波,2018.战略性新兴产业企业生命周期不同阶段金融支持研究[J].工业技术经济(5):3-10.

李杨,沈志渔,2010.战略性新兴产业集群的创新发展规律研究[J].经济与管理研究(10):29-34.

李永奎,乐云,何清华,等,2012.基于SNA的复杂项目组织权力量化及实证[J].系统工程理论与实践,32(2):312-318.

廖继胜,韩兵,2018.欠发达省份战略性新兴产业发展的科技金融支持效率评价:以江西为例[J].湖北经济学院学报,16(2):5-14.

林学军,2012.战略性新兴产业的发展与形成模式研究[J].中国软科学(2):26-34.

刘大勇,2013.战略性新兴产业集群发展研究[M].北京:中国经济出版社.

刘峰,李哲,陈志,2012.我国战略性新兴产业发展的问题和建议[N].中国科学报.

刘凤朝,姜滨滨,2013.联盟网络核心节点形成及其影响因素研究[J].管理学报,10(5):671-677.

刘刚,2012.战略性新兴产业发展的机制和路径:价值网络的视角[M].北京:中国财政经济出版社.

刘国巍,2015.我国通用航空产业演化的内涵、模型与预测:基于投影寻踪、Compertz

拟合和蚁群优化视角[J].技术经济与管理研究(10):3-7.

刘国巍,邵云飞,阳正义,2019.网络的网络视角下新能源汽车产业链创新系统协同评价:基于复合系统协调度和脆弱性的整合分析[J].技术经济,38(06):8-18.

刘国巍,阳正义,2015.区域产学研合作创新网络结构对知识扩散的影响:基于广西2000—2013年电子信息专利数据[J].科技进步与对策,32(23):36-42.

刘洪昌,武博,2010.战略性新兴产业的选择原则及培育政策取向[J].现代经济探讨(10):56-59.

刘军,2009.整体网分析讲义:UCINET软件实用指南[M].上海:格致出版社.

刘秋岭,张雷,何建佳,等,2015.镁合金产业国际合作网络结构演化机制分析[J].技术与创新管理(2):175-180.

刘晓燕,阮平南,童彤,2013.专利合作网络知识扩散影响因素分析:以集成电路产业为例[J].中国科技论坛(5):125-130.

刘永俊,张晟义,2010.产业网络成长范式研究:基于创新与互补性资产视角[J].当代经济管理(4):26-32.

刘云,安菁,陈文君,等,2013.美国基础研究管理体系、经费投入与配置模式及对我国的启示[J].中国基础科学,3:42-52.

刘志高,王缉慈,2008.共同演化及其空间隐喻共同演化及其空间隐喻被引量[J].中国地质大学学报:社会科学版(4):85-91.

刘志阳,程海狮,2010.战略性新兴产业的集群培育与网络特征[J].改革(05):36-42.

刘志阳,苏东水,2010.战略性新兴产业集群与第三类金融中心的协同演进机理[J].学术月刊(12):68-75.

卢涛,乔晗,汪寿阳,2015.战略性新兴产业集群发展政策研究[J].科技促进发展(1):20-25.

陆瑾,田文举,张普,2008.基于系统自组织的产业组织技术合作网络形成演化机理分析[J].工业技术经济(5):134-138.

鹿晨昱,李文磊,李恒吉,等,2017.区域经济—社会—资源—环境协调发展的综合测度研究:以甘肃省庆阳市为例[J].资源开发与市场,(8):916-921.

罗慧芳,2012.新兴产业集群内知识创新网络的构建与分析[J].商业时代(27):113-114.

罗荣桂,江涛,2006.基于SIR传染病模型的技术扩散模型的研究[J].管理工程学报(1):32-35.

罗晓梅,黄鲁成,王凯,2015.基于CiteSpace的战略性新兴产业研究[J].统计与决策(6):142-145.

马军伟,2014.我国金融支持战略性新兴产业的效率测度[J].统计与决策(5): 153-155.

马岩,2012.美国支持战略性新兴产业的财税和金融政策及总结[J].时代金融,3: 265,283.

孟庆松,韩文秀,2000.复合系统协调度模型研究[J].天津大学学报(04):444-446.

孟祥芳,2010.区域战略性新兴产业选择评价研究:基于天津的实证分析[A].第六 届中国科技政策与管理学术年会论文集.

潘晓慧,金盟,2013.新媒体产业集群项目合作关系的社会网络分析[J].特区实践 与理论(3):32-35.

钱培坚,2013.中国光伏产业还能照亮未来吗?[N].工人日报,05-03(8).

冉翠玲,2010.制造商与两个具有竞争性的零售商的两阶段博弈模型[J].数学的实 践与认识,40(2):1-7.

冉光和,褚雅伦,2013.三次产业发展的金融支持效率研究:以重庆市为例[J].软科 学(5):1-3.

申俊喜,2012.创新产学研合作视角下我国战略性新兴产业发展对策研究[J].科学 学与科学技术管理,33(2):37-43.

宋文平,顾晓安,2014.金融创新与战略性新兴产业发展的内在机制研究:基于企业 家行为角度的博弈分析[J].农村经济与科技(9):97-100.

宋艳,郭燕,2010.范数灰关联理论在煤矿瓦斯爆炸致因分析中的应用[J].统计与 信息论坛,25(8):83-87.

孙国强,吉迎东,张宝建,等,2016.网络结构、网络权力与合作行为:基于世界旅游 小姐大赛支持网络的微观证据[J].南开管理评论,19(1):43-53.

孙旭,2019.地方本科高校应用型专业集群建设研究:以商丘师范学院为例[J].商 丘师范学院学报,35(08):21-24.

孙早,宋炜,2012.战略性新兴产业自主创新能力评测:以企业为主体的产业创新指 标体系构建[J].经济管理(8):20-30.

唐钧,2020.大健康与大健康产业的概念、现状和前瞻:基于健康社会学的理论分析 [J].山东社会科学(09):81-87.

陶志富,陈华友,周礼刚,2011.基于直觉模糊信息多属性群决策的新方法[J].武 汉理工大学学报(交通科学与工程版),35(6):1197-1200.

特日昆,徐飞,2015.战略性新兴产业信贷融资问题研究:基于银政企三方进化博弈视角[J].管理现代化(6):22-24.

田虹,2006.企业社会责任的矢量研究[J].管理现代化(04):31—34.

涂文明,2012.我国战略性新兴产业区域集聚的发展路径与实践模式[J].现代经济探讨(9):54-56.

王辉,张月友,2015.战略性新兴产业存在产能过剩吗?:以中国光伏产业为例[J].产业经济研究(1):61-70.

王坚强,2006.信息不完全确定的多准则区间直觉模糊决策方法[J].控制与决策,21(11):1253-1256.

王建发,2019.我国现代化物流产业发展思路及策略研究:基于降本增效视角[J].管理现代化(2):23-25.

王健,张卓,2014.战略性新兴产业发展效率测度与金融支持[J].中南财经政法大学学报(1):76-81.

王茂林,刘秉镰,2015.我国物流业发展关键影响因子分析[J].物流技术,34(1):131-133.

王小容,卫贵武,2008.选聘优秀管理人员的直觉模糊决策模型[J].统计与决策(4):166-167.

王艳秀,2015.新型城镇化建设与文化产业互动发展策略[J].合作经济与科技(9):37-38.

卫贵武,2009.对方案有偏好的区间直觉模糊多属性决策方法[J].系统工程与电子技术,31(1):116-120.

魏强,2007.企业家能力的矢量分析及其意义[J].现代管理科学(01):87-89.

邬爱其,2006.企业创新网络构建与演进的影响因素实证分析[J].科学学研究,12(10):213-213.

吴晓青,2011.大力发展战略性新兴产业加快经济发展方式转变[J].经济界(2):7-8.

谢卫红,李忠顺,屈喜凤,等,2015.网络关系强度与企业技术创新关系实证研究[J].科学学与科学技术管理,36(5):62-73.

熊正德,林雪,2010.战略性新兴产业上市公司金融支持效率及其影响因素研究[J].经济管理,32(1):26-33.

徐枫,周文浩,2014.新能源产业的金融支持绩效评价:基于DEA和Logit模型[J].科技管理研究(20):33-38.

徐旭东,刘守生,汤剑,2009.IFOWA算子在武器系统作战效能评估中的应用[J].四川兵工学报,30(12):81-83.

徐泽水,2008.直觉模糊信息集成理论及应用[M].北京:清华大学出版社.

许海云,董坤,刘昊,等,2017.基于异构网络的学科交叉主题发现方法[J].情报科学,35(06):130-137+153.

续婷,朱烽,2011.BA 无标度网络中的 SIR 模型[J].数学的实践与认识(11):254-256.

闫泽滢,2014.战略性新兴企业不同创新阶段财政金融支持模式分析[J].管理现代化(2):54-56.

杨荣海,李亚波,2017.战略性新兴产业企业治理金融支持动力源分析[J].软科学,31(10):47-51.

杨婷,陈海涛,2011.直觉模糊集理论在水资源管理群决策中的应用[J].安徽农业科学,39(12):7347-7349.

叶文添,2014.中国光伏企业遇空前恶战[J].能源研究与利用(4):19-20.

易高峰,2013.C9 知识创新网络探究:兼论战略性新兴产业的培育与发展[J].科技进步与对策,30(14):57-61.

于斌斌,2012.传统产业与战略性新兴产业的创新链接机理:基于产业链上下游企业进化博弈模型的分析[J].研究与发展管理,24(3):100-108.

俞晓晶,2010.从对口支援到长效合作:基于两阶段博弈的分析[J].经济体制改革(5):37-39.

喻登科,涂国平,陈华,2012.战略性新兴产业集群协同发展的路径与模式研究[J].科学学与科学技术管理,33(4):114-121.

袁艳平,2012.战略性新兴产业链构建整合研究:基于光伏产业的分析[D].成都:西南财经大学(02):154-161.

岳中刚,2014.战略性新兴产业技术链与产业链协同发展研究[J].科学学与科学技术管理,35(02):154-162.

배경화,2010. A study on how to arbitrate policy conflicts caused by duplicated policy financial support system for SMEs in Korea[J]. Policy Study,166:39-74.

张光曦,2013.如何在联盟组合中管理地位与结构洞?:MOA 模型的视角[J].管理世界(11):89-100,129.

张琳,石磊,唐晓兵,等,2008.直觉模糊集在装备采购中的应用[J].空军工程大学学报(自然科学版),9(4):87-90.

张祥建,钟军委,2015.模块化产业网络:技术进步与价值整合研究[J].科技进步与对策,32(10):45-49.

张晓强,2013.提升企业技术创新能力-增强经济持续发展动力[J].中国经贸导刊

(12):4-5.

张章颖,陈莉平,2009.产业融合背景下产业合作网络的嵌入性竞争优势[J].科技进步与对策,26(18):69-72.

赵美江,刘洪枫,2007.基于产业链的现代服务业机制创新[J].市场周刊(12):112-113.

赵长民,1987.社会主义经济矢量空间初探[J].探索(04):33-36.

郑向杰,2014.合作网络"小世界性"对企业创新能力的影响:基于中国汽车行业企业间联盟网络的实证分析[J].科技进步与对策,31(13):40-44.

郑秀娟,2018.基于随机前沿的物流业发展效率及区域差异分析[J].统计与决策(18):121-124.

中国行业研究网,2013.我国将出金融支持新兴产业政策[EB/OL]. http://www.chinairn.com/news/20130708/160014832.html,07-08.

周丹,肖东生,2014.我国战略性新兴产业链问题分析与整合路径选择[J].经营者管理(13):174-175.

周杰,刘玉琴,曾建勋,2012. 学术研究主体与研究内容间的关联关系可视化方法[J]. 现代图书情报技术 (11): 92-97.

周烨,2018.产业集聚对物流业产业效率影响的实证分析[J].统计与决策(14):144-147.

祝佳,2015.创新驱动与金融支持的区域协同发展研究:基于产业结构差异视角[J].中国软科学(9):106-116.

차우준,2016. The role of government for effective financial support of small and medium sized businesses:Especially on technology financing in Republic of Korea[J]. Legislation and Policy Studies,8(2):319-344.